"Este livro é um clássico do DeYoung... impiedosamente bíblico!"

John Piper, fundador de desiringGod.org;
reitor de Bethlehem College & Seminary

"Meu coração se identificou profundamente ao ouvir Kevin falar sobre esse assunto. A mensagem dele é um despertar de consciência para o povo de Deus – oportuno, profético, profundamente necessário nos dias em que vivemos. Como teólogo e escritor talentoso que é, Kevin lida com muitas das dificuldades e nuanças bíblicas da verdadeira santidade. Como pastor, demonstra genuína compaixão e preocupação com a condição do rebanho. Como colega peregrino, ele consegue atingir o âmago das formas de pensar e viver que nos atrapalham de espelhar um Deus Santo neste mundo de trevas. Como servo que ama a Cristo profundamente, ele descortina claramente a visão da beleza e do poder da santidade pessoal".

Nancy Leigh DeMoss, autora,
apresentadora do programa de rádio Revive Our Hearts

"Santidade já foi, certa feita, componente central do seguir a Cristo". Mas para muitos, hoje, a vida cristã pouco passa da celebração de uma graça barata e de uma pseudo-liberdade, com alta tolerância ao pecado. Neste livro tão necessário e bem escrito, Kevin DeYoung aponta cuidadosamente para a verdade tão impopular quanto necessária hoje em dia: que Deus é santo e espera que *nós* sejamos santos. Sem qualquer cacoete de farisaísmo e sem ser enfadonho, Kevin apresenta-nos uma bem equilibrada e atraente visão da lei e da graça. Kevin DeYoung é um de meus escritores preferidos, e este livro mostra bem o porquê. Várias foram as vezes que concordei enfaticamente com ele ao virar as páginas do livro. Creio que os seguidores de Cristo precisam muito ler, debater e vivenciar a mensagem oportuna e que exalta a Deus nas páginas deste livro"

Randy Alcorn, fundador e diretor do ministério Eternal Perspective ; autor de *Se Deus é Bom* e *O Céu*.

"A graça é maravilhosa demais para nos salvar da culpa do pecado para tão somente deixar-nos debaixo de sua cruel tirania. Neste livro, Kevin DeYoung relembra-nos que o evangelho é o solo de nossa justificação e santificação. Ao mesmo tempo, ele nos relembra das muitas exortações das Escrituras para perseguirmos a piedade como fruto de nossa união com Cristo no poder do Espírito. *Brecha em nossa Santidade* oferece-nos importante reflexão nesse assunto tão importante, na constante conversa acerca das alegrias e lutas da vida cristã".

Michael Horton, professor de Teologia, Westminster Seminary e autor de *A Fé Cristã: Uma Teologia Sistemática para Peregrinos em Percurso*

"É de se esperar que um livro a respeito de santidade seja acusador, tendente ao legalismo e vergonhosamente distante do dia-a-dia. Mas este livro não é nada disso. Ao contrário, Kevin DeYoung vai direto ao cerne do que é o empenho rumo à santidade infundido pelo Espírito e norteado pelo Evangelho. Ultrapassando o costumeiro "tente mais intensamente" e "creia com mais fé", este livro transmite aos leitores não apenas um anelo por ser santo, mas uma verdadeira esperança de que isso pode se tornar realidade".

Nancy Guthrie, autora do livro *As Bençãos de Apocalipse*.

"J.C. Ryle escreveu seu clássico *Santidade* movido pela preocupação de que 'os cristãos de nosso país não dão a devida atenção à santidade prática e toda a questão de consagração a Deus'. É com a mesma preocupação presciente e com a mesma perspicácia pastoral que meu amigo Kevin DeYoung escreveu o que eu considero ser um equivalente moderno (ao livro de Ryle), instando com a atual geração de cristãos para que obedeça a ordem de Deus 'sede santos, porque eu sou santo'. Que este livro faça por nossos dias o que *Santidade* realizou numa era passada: promover a santidade focada no evangelho nos cristãos e igrejas ao redor do mundo".

C. J. Mahaney, Sovereign Grace Ministries

"A força deste livro repousa sobre a compreensão bíblica que ele exala, de que todo significativo renovar alicerça-se sobre o conhecimento da bondade e da santidade de Deus. Temos o mandamento para sermos santos porque ele é santo, e somente em Cristo podemos ser devidamente adestrados: "Porquanto a graça de Deus se manifestou salvadora a todos os homens, educando-nos para que, renegadas a impiedade e as paixões mundanas, vivamos, no presente século, sensata, justa e piedosamente (Tito 2.11-12)". Minha oração é no sentido de que as palavras de Kevin sejam lidas por muitos, e que a igreja acabe sendo conhecida como um povo "zeloso de boas obras", ao contemplar a santidade do Pai e a obra regeneradora de Cristo".

John M. Perkins, presidente do ministério John M. Perkins Foundation for Reconciliation and Development.

"Gostei muito de estar debaixo do ensino de Kevin, durante meus anos de faculdade, especialmente nessa questão de santidade. Este livro é indispensável para todos os que desejam uma vida de piedade. Embora sejamos caídos, Kevin destaca nosso potencial para a piedade e como nosso progresso nessa área é de suma importância. Prepare seu marca-textos!"

Kirk Cousins, ex-*quarterback* iniciante da Michigan State University, atual *quarterback* reserva dos Washington Redskins.

BRECHA EM NOSSA SANTIDADE

Kevin DeYoung

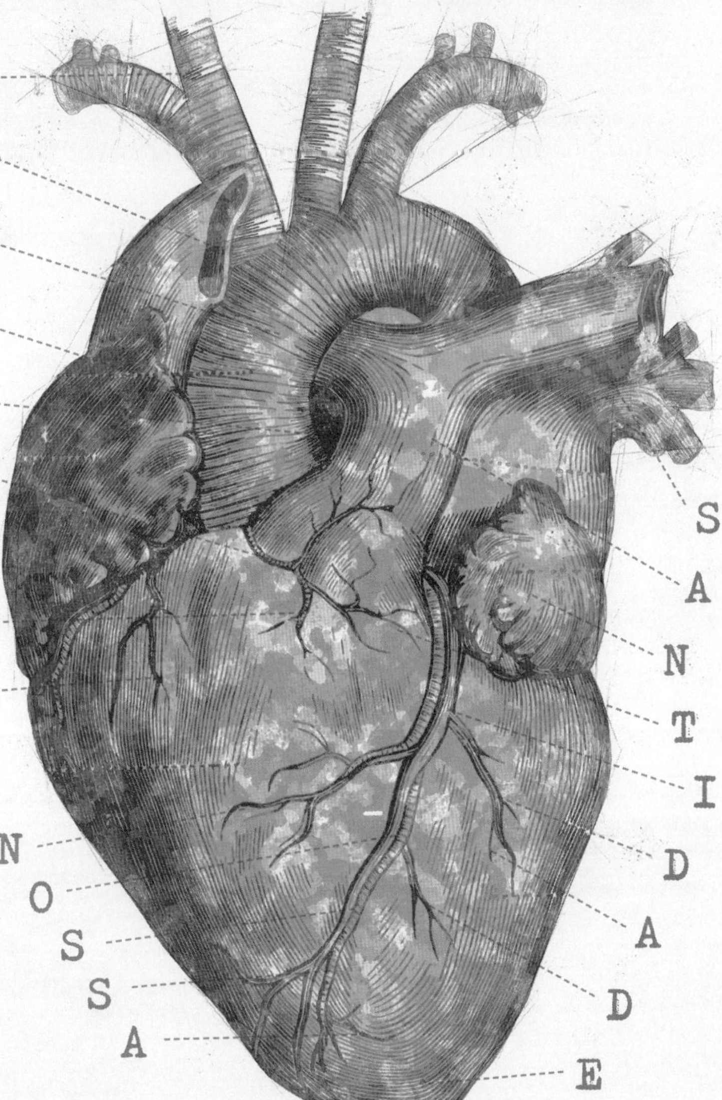

D529b DeYoung, Kevin, 1977-
  Brecha em nossa santidade / Kevin DeYoung ; [tradução: Eros Pasquini Júnior]. – 2. ed. – São José dos Campos, SP: Fiel, 2021.

  Tradução de: The hole in our holiness : filling the gap between gospel passion and the pursuit of godliness.
  ISBN 9786557230107 (brochura)
       9786557230114 (epub)

  1. Vida cristã. 2. Santidade – Cristianismo. I. Título.

CDD: 248.4

Catalogação na publicação: Mariana C. de Melo Pedrosa – CRB07/6477

A Brecha em Nossa Santidade

Traduzido do original em inglês
The Hole in Our Holiness: Filling the Gap between Gospel Passion and the Pursuit of Godliness
por Kevin DeYoung
Copyright ©2012 por Kevin DeYoung

∎

Publicado por Crossway Books, um ministério de publicações de Good News Publishers
1300 Crescent Street
Wheaton, Illinois 60187, USA.

Copyright © 2012 Editora Fiel
Primeira Edição em Português: 2013
Segunda Edição em Português: 2021

Todos os direitos em língua portuguesa reservados por Editora Fiel da Missão Evangélica Literária

PROIBIDA A REPRODUÇÃO DESTE LIVRO POR QUAISQUER MEIOS, SEM A PERMISSÃO ESCRITA DOS EDITORES, SALVO EM BREVES CITAÇÕES, COM INDICAÇÃO DA FONTE.

∎

Diretor: Tiago J. Santos Filho
Editor-chefe: Vinicius Musselman
Editor: Tiago J. Santos Filho
Coordenação Gráfica: Gisele Lemes
Tradução: Eros Pasquini Júnior
Revisão: Tiago J. Santos Filho
Diagramação: Rubner Durais
Capa: Rubner Durais

ISBN impresso: 978-65-5723-010-7
ISBN e-book: 978-65-5723-011-4

Caixa Postal 1601
CEP: 12230-971
São José dos Campos, SP
PABX: (12) 3919-9999
www.editorafiel.com.br

*Aos presbíteros e pastores da
University Reformed Church,
com gratidão pelo árduo trabalho que realizam
e pela busca da santidade.*

SUMÁRIO

1 – Preocupe-se Com o Vazio 11

2 – O Que Motivou a Redenção 29

3 – O Padrão da Piedade 41

4 – Impetuosidade para com os Imperativos 65

5 – O Prazer de Deus e a Possibilidade de Piedade 85

6 – Empenho Energizado Pelo Espírito, Impelido Pelo Evangelho e Abastecido Pela Fé 105

7 – Seja Quem Você É 123

8 – Os Santos e a Imoralidade Sexual 143

9 – Permanecer e Obedecer 167

10 – Que Todos Vejam o Seu Progresso 185

Capítulo Um
PREOCUPE-SE COM O VAZIO

Jamais consegui entender bem o atrativo do camping. Embora tenha muitos amigos e parentes que são praticantes ávidos do camping, me parece estranho que alguém trabalhe arduamente o ano inteiro de forma a poder viver uma semana ao relento. Entendo essa questão de se estar junto, mas por que fazer isso em barracas e com banheiros comunitários? Como aventura, eu até que entendo o camping. Coloca-se uma mochila nas costas e faz-se uma caminhada pela criação de Deus. Legal. Mas carregar sua *Van* numa reedição de Arca de Noé e ir rumo a um camping infestado de pernilongos onde você tenta reconstruir uma versão de sua cozinha e quarto de dormir para mim não faz sentido. Quem é que resolveu que férias deveriam ser parecidas com o cotidiano, só que numa versão mais complicada?

A cada ano que passa, nossa igreja divulga o "acampamento da família". E a cada ano minha esposa quer participar, e anualmente acabamos em outro estado, na semana reservada para nossa igreja. E na minha ótica, o atrativo para o acampamento de família é que as crianças, sem contarem com a interferência dos pais, estão livres para correr e se sujar do nascer ao por do sol – numa espécie de *Senhor das Moscas* para nós, naturais do estado de Michigan. Mas por mais atraente que seja a ideia da ausência de prole e de uma parada para estar com os amigos, deve haver uma forma mais limpa, menos úmida de se exportar os filhos durante uma semana (não é para isso que existe acampamento bíblico de férias?). E mesmo que os filhos se divirtam, e que o tempo coopere, mesmo que ninguém acabe precisando levar pontos, e mesmo que o décimo sétimo cachorro quente seja tão gostoso quanto o primeiro, será difícil remover toda a sujeira acumulada em meus livros.

Sei que existem muitos aficionados do camping ao redor do mundo. E eu não lhes condeno pelo hobby que escolheram. Só que não é a minha praia. Eu não cresci praticando camping. Minha família não era muito chegada em "ar-livre". Não éramos contra o ar-livre ou coisa parecida. Frequentemente víamos essa cena pela janela e participávamos de sua realidade a caminho das compras. Mas nenhuma vez sequer fomos acampar. Jamais possuímos uma barraca, um veículo tipo trailer, ou um reboque. Ninguém caçava na família. Ninguém pescava. Até nosso churrasco era feito dentro de casa (com uma churrasqueira adaptada - acredite se quiser!).

Passei a maior parte da minha vida como um ignorante do camping. E para mim isso não se constitui problema. É uma coisa a mais com a qual não preciso esquentar minha cabeça. Camping pode ser ótimo para outras pessoas, mas me contento em jamais falar do assunto, nem pensar nele, e nem praticá-lo. Ao ler isso você pode até cair da cadeira espreguiçadeira, mas camping não faz parte da minha vida, e lido muito bem com isso.

SANTIDADE É O NOVO CAMPING

É possível você encarar a santidade como eu encaro o camping? É boa para os outros. É como se você respeitasse aqueles que tornam a vida deles mais difícil do que precisa ser. Mas não é bem a sua praia. Você não cresceu preocupado com santidade. Não era assunto tratado em sua casa. Não era algo pelo qual sua família orava ou que sua igreja enfatizava. Por isso, até este momento, não é sua paixão. A busca da santidade parece ser mais uma coisa para esquentar a cabeça em sua vida já tão atribulada. É claro que você até gostaria de ser uma pessoa melhor, e espera poder evitar os pecados verdadeiramente sérios. Mas você raciocina que, já que foi salvo pela graça, santidade não é algo necessário a você e, com toda franqueza, sua vida até que parece boa sem ela.

A brecha em sua santidade é que você não se importa muito com ela. Dificilmente encontramos nas igrejas de hoje exortação apaixonada para se buscar santidade "movida ao evangelho". Não é que não falemos acerca de pecado ou que não encorajemos um comportamento digno. A maioria dos sermões são basicamente palestras de autoajuda em como se tornar uma pessoa melhor. Isso é moralismo, e não ajuda nem um pouco. Qualquer evangelho que prega o que você *precisa fazer*, mas não anuncia o que Cristo *já fez* não é evangelho coisa nenhuma. Por isso mesmo, eu não estou falando em ficar cansado todo domingo por assistir *SportCenter* e por dirigir um utilitário. Estou falando nos fracassos como cristão, especialmente as gerações mais jovens e especialmente os que mais desdenham "religião" e "legalismo", levarem a sério um dos grandes objetivos de nossa redenção e uma das evidências necessárias à vida eterna – nossa santidade.

    J. C. Ryle, um Bispo em Liverpool, do século XIX, estava certo: "Precisamos ser santos, porque *esse é um supremo fim e propósito* pelo qual Cristo veio ao mundo... Jesus é um Salvador completo. Ele não retira, meramente, a culpa do pecado do que crê, ele vai além... rompe o seu poder (1 Pe 1.2; Rm 8.29; Ef 1.4; 2 Tm 1.9; Hb 12.10)".[1] Meu medo é que conforme nós corretamente celebramos - e em alguns ambientes redescobrimos - tudo *do que* Cristo nos salvou, temos parado pouco para pensar e consequentemente concentramos poucos esforços em tudo *para* o que Cristo nos salvou. Será que os mais apaixonados acerca do Evangelho e pela glória de Deus não deveriam ser os mais dedicados na busca por santidade? Preocupa-me que haja um vazio de entusiasmo, e ninguém parece se importar.

---

1 J.C. Ryle, *Santidade: Sem a Qual Ninguém Verá o Senhor* (São José dos Campos, SP: Ed. FIEL, 2010). (ênfase adicionada)

QUEM DIZ?

Como é que eu sei haver uma brecha em nossa santidade? Bom, eu não sei. Quem poderia fazer o diagnóstico do estado em que se encontra a igreja evangélica, ou que se encontra a igreja na América do Norte, e mais difícil ainda, o estado em que se encontra a igreja ao redor do globo? Eu poderia fornecer estatística acerca de desastres morais de pastores ou dados acerca do mundanismo no frequentador de igreja mediano. Com estatística, é possível dizer-se tudo. Setenta e três por cento dos eleitores registrados sabem disso.

Portanto, eu não faço qualquer reivindicação de haver comprovado cientificamente que os cristãos estão negligenciando a busca da santidade. Mas não sou o primeiro a pensar que está faltando alguma coisa no cenário atual da igreja contemporânea. Em seu livro *A Redescoberta da Santidade*, J. I. Packer afirma que o crente dos dias de hoje enxerga a santidade como algo obsoleto[2]. Ele cita três evidências diferentes: (1) Não ouvimos mais falar de santidade em pregações e nos livros; (2) Não insistimos que nossos líderes devam ser santos; (3) Não tocamos na necessidade de santidade pessoal em nossa evangelização. Essas observações me soam coerentes.

Mas se não quisermos acreditar no que diz Packer, pense nas seguintes três perguntas de diagnóstico, com base em três textos das Escrituras:

---

2   J. I. Packer, *A Redescoberta da Santidade* (São Paulo, SP: Cultura Cristã, 2002).

1. A Nossa Obediência é Conhecida por Todos?

Na maioria de suas cartas, Paulo fornece bastante encorajamento às igrejas que fundou. Ele, via de regra, começa dizendo algo assim: "Sou tão grato por vocês. Vocês são demais. Penso em vocês o tempo todo e quando o faço, isso me faz louvar a Deus". Ele é um papai espiritual orgulhoso dos filhos. Mas ele não distribuía adesivos de para-choque que diziam: "Meu cristão é um santo do *hall* dos melhores alunos na Escola Apostólica dos Dotados". Não precisava disso. Os outros percebiam sem que ele o dissesse. Em Romanos 16.19, por exemplo, Paulo declara: "a vossa obediência é conhecida por todos". Mas reconheçamos, reputações podem não corresponder à verdade (Ap 3.1), e os crentes de Roma tinham sua própria cota de problemas a resolver. Mas essa recomendação ao final da carta exige que façamos a seguinte pergunta: Nossa igreja é conhecida pela obediência? É o que outros cristãos pensam quando contemplam sua vida? É aquilo pelo que você gostaria de ser conhecido? "Criativo", "relevante" ou "transformador de mundo" talvez soe melhor do que a velha obediência, que parece tão sem graça.

Os Puritanos me desafiam nessa questão. Sei que o termo "puritano" pode sugerir um eterno estraga prazeres que "tem uma furtiva desconfiança de que alguém, em algum lugar, está se divertindo".[3] Mas os verdadeiros Puritanos não eram assim. Eles desfrutavam das boas dádivas de Deus enquanto, ao mesmo tempo, buscavam a santidade dentre os dons mais

---
3 Atribuída a H. L. Mencken

especiais de Deus. É por isso que um teólogo descreveu o Puritanismo como movimento Reformado de santidade.[4] Eles eram falíveis, mas cristãos que criam nas Escrituras, apaixonados em sua busca de Deus e de santidade. A espiritualidade Puritana não se alicerçava em dons espirituais, em experiência *de per si*, ou em se perder no mistério do desconhecido. A espiritualidade Puritana dizia respeito a crescer em santidade. Tratava-se de cristãos tornando-se visivelmente santos. É por isso que definiram teologia como sendo "a doutrina do Deus vivo" (William Ames) ou "a ciência do viver de modo bem-aventurado para sempre" (William Perkins).[5] A paixão e as orações deles diziam respeito à santidade. Será que podemos afirmar que nossa vida e a vida de nossas igrejas são marcadas pelo mesmo desejo?

2. O Nosso Céu é um Lugar Santo?

Em Apocalipse 21 temos um vislumbre estarrecedor dos novos céus e nova terra. Enquanto a maioria dos cristãos se mostra naturalmente curiosa acerca desse mundo recriado, a Bíblia não nos presenteia com detalhes específicos. Mas o que sabemos é aquilo que precisamos, de fato, saber. A nova Jerusalém é gloriosa – ela brilha com o esplendor da presença de Deus. A nova Jerusalém está segura – não há mais sofrimento, não há mais mar caótico, não há mais portais fechados (porque

---

[4] Richard Lovelace, "Afterword: The Puritans and Spiritual Renewal, "em *The Devoted Life: An Invitation to the Puritan Classics*, editado por Kelly M. Kapic e Ronald C. Gleason (Downers Grove, IL: Intervarsity Press, 2004, pág. 301.
[5] Ibid.

não há mais inimigos). E, o mais importante, para fins do que estamos tratando, a nova Jerusalém é santa – não apenas a noiva foi purificada, mas as dimensões da cidade sugerem que o céu reconstitui o Santo dos Santos.

Em alguns conceitos populares da vida pós-morte, o amor de Deus se reduz a uma aprovação incondicional. Mas na verdade, o amor de Deus é sempre um amor santo e seu céu é sempre um lugar totalmente santo. O céu é para aqueles que conquistam, que vencem a tentação de abandonar a Jesus Cristo e a comprometerem sua fé (Ap 21.7; ver também Ap 2-3). "Quanto, porém", Apocalipse 21.8 continua, "aos covardes, aos incrédulos, aos abomináveis, aos assassinos, aos impuros, aos feiticeiros, aos idólatras e a todos os mentirosos, a parte que lhes cabe será no lago que arde com fogo e enxofre, a saber, a segunda morte". Não importa o que você professe, se você mostra desprezo por Cristo, entregando-se ao pecado – impenitente e habitualmente – o céu não é seu lar.

Sabe por que tantos cristãos estão cedendo na questão da homossexualidade? Certamente que as pressões culturais desempenham um papel potente nessa questão. Mas nosso fracasso em compreender corretamente a santidade do céu é outro fator significativo. Se o céu é um lugar de aceitação universal para gente relativamente boazinha, por que é que se deveria fazer do homossexualismo uma tempestade em copo d'água aqui na terra? Muitos cristãos jamais aprenderam que feiticeiros, e assassinos, e idólatras, e todos que amam e praticam a falsidade serão deixados fora dos portais eternos

(Ap 22.15). Por isso, eles não têm a coragem (ou a compaixão) de afirmar que o impenitente sexualmente imoral também não será ali bem-vindo, que é precisamente o que Apocalipse 21-22 ensina.

Já que o novo mundo de Deus é livre de qualquer mancha ou sinal de pecado, é difícil imaginar como poderíamos nos regozijar no céu sem possuir santidade. Conforme J. C. Ryle nos relembra, o céu é um lugar santo. O Senhor do céu é Deus santo. Os anjos são criaturas santas. Os habitantes do céu são "santos que são santos". Santidade está presente em tudo no céu. E nada que não seja santo pode adentrar o céu (Ap 21.27; Hb 12.14). Mesmo que você pudesse entrar no céu sem possuir santidade, o que haveria de fazer? Que tipo de gozo você sentiria num lugar assim? Com que homem ou mulher santo de Deus você poderia se assentar para ter comunhão? Os prazeres dessas pessoas não seriam os seus prazeres. O caráter delas não seria o seu caráter. O que eles amam você não ama. Se você desgosta de um Deus santo agora, porque você haveria de querer passar a eternidade com ele? Se a adoração não lhe fascina agora, o que lhe faz pensar que lhe fascinará em algum futuro celestial? Se a impiedade é o seu deleite aqui na terra, o que lhe agradará no céu, onde tudo é limpo e puro? Você não seria feliz lá se você não é santo aqui. Ou, como disse Spurgeon, "seria mais fácil um peixe viver numa árvore que um ímpio no Paraíso". [6]

---

6 Esta citação vem de um comentário de Spurgeon no Salmo 1.5 em *The Treasury of David*, que pode ser encontrado on-line em inúmeros lugares, incluindo HTTP://www.spurgeon.org/psoo1.htm.

3. *Somos Cristãos da Grande Comissão?*

Façamos um rápido teste: resuma a Grande Comissão que Jesus apresenta ao final de Mateus 28. Se não souber o que é, pode abrir no texto para ver. Mas se você sabe do que estou falando, pense numa frase-resumo de duas linhas. Não cite os versículos; coloque-os em suas próprias palavras. O que Jesus nos comissiona a fazer na Grande Comissão?

Você talvez tenha dito: "Ele nos envia ao mundo para evangelizar". Ou, quem sabe: "Ele quer que preguemos o Evangelho às nações". Ou quem sabe, ainda, você mencionou algo a respeito de fazer discípulos. Essas respostas não estão erradas. Mas você se recorda das instruções precisas de Jesus? "Ide, portanto, fazei discípulos de todas as nações, batizando-os em nome do Pai, e do Filho, e do Espírito Santo; *ensinando-os a guardar todas as coisas que vos tenho ordenado*" (Mt 28.19-20a). A palavra *"guardar"* significa mais que "tomar conhecimento de". Significa "obedecer". Não estamos pedindo às nações que olhem para os mandamentos de Jesus como se fora uma interessante tela de Rembrandt. Estamos ensinando as nações a seguirem seus mandamentos. A Grande Comissão diz respeito a santidade. Deus quer que o mundo conheça Jesus, creia em Jesus, e lhe obedeça. Não estamos levando a Grande Comissão a sério se não estivermos nos ajudando mutuamente a crescer em obediência.

Mesmo assim, quantos de nós costumamos pensar em santidade quando pensamos em trabalho missionário? Como é fácil nos contentarmos em conduzir pessoas a tomarem uma decisão por Cristo em lugar de concentrarmos atenção em fazer discípulos de Cristo. É claro que isso não significa que estamos simplesmente tentando fazer pessoas boas que vivem como Jesus. A Grande Comissão nada significaria e nada realizaria se não fosse pelo fato de que aquele que a proferiu tem "toda autoridade no céu e na terra" (Mt 28.18). É apenas e tão somente por confiarmos nele e por sermos perdoados por seu sacrifício substitutivo que somos capazes de trilhar os caminhos dele. Não há como fazer bons frutos brotarem de árvores ruins. As ordenanças de Jesus não podem vir separadas de sua pessoa e obra. Qualquer que seja a santidade que ele requer, ela é como o fruto de sua obra redentora, e existe para ser vitrine de sua glória pessoal. [7] Mas em toda essa nuança necessária, não perca de vista aquilo pelo qual muitas igrejas passaram batidas: Jesus espera obediência de seus discípulos. Repassarmos os imperativos de Cristo constitui o cerne da Grande Comissão.

POR QUE TÃO CHEIO DE BRECHAS?

Tudo até aqui pede que se responda a pergunta "Por quê?" Ou, melhor ainda, "Onde?" Onde viemos a permitir essa brecha em nossa santidade? Se a missão de Deus neste mundo é salvar gente ímpia e santificar os que ele salva, se Deus justifica os incrédulos através da fé somente e aí promete a esses fieis

---

[7] Estas últimas duas frases parafraseiam John Piper, *What Jesus Demands from the World* (Wheaton, IL: Crossway, 2006), pág. 23

torná-los piedosos, se o Santo de Israel está no ramo de criar um povo santo para si mesmo – porque é, então, que parece improvável que qualquer um de nós faça parte de uma denominação ou rede de ministérios ou de afiliação de amigos que recentemente foi descrita como participante de qualquer espécie de "movimento de santidade"? Lembre-se, os Puritanos (nome que sugere alguém que busca ser "Puro") não inventaram esse nome para si. Os seus oponentes cunharam o termo porque viam sempre os Puritanos tão focados em serem... puros. A busca da santidade não ocupa em nosso coração o lugar que ocupava no deles. Pior, a preocupação com santidade não é tão óbvia em nossa vida quanto é óbvia nas páginas da Escritura Sagrada. Por quê? De onde vem essa brecha?

Para começo de conversa, era bastante comum no passado equacionar-se santidade com a abstinência de algumas "práticas tabu" daquela época, tais como beber, fumar e dançar. Piedade significava evitar a lista dos itens proibidos. Gerações mais jovens possuem pouca paciência ao lidar com tais normas. Em alguns casos eles não concordam com as regras (p. ex. acerca de cinema, dançar, jogar). Em outros casos, essas regras parecem fáceis de com elas se lidar. De minha parte sei que, enquanto crescia, parecia que santidade tinha ligação com não beber, não fumar, não se praticar sexo fora do casamento. Eu não sabia como obter drogas, se estivesse atrás delas. Cerveja tinha um aroma ruim. E, com toda certeza, não havia uma fila de garotas doidas para se aproximarem de mim. Por isso, eu me saí bem.

Ligado a esta primeira razão reside o temor de que uma paixão por santidade nos torna uma espécie de estranhos remanescentes de uma era longínqua. Logo que você partilha sua preocupação acerca de falar palavrões ou de evitar certos filmes, ou acerca de um vestir modesto, ou de pureza moral, ou de domínio próprio ou mesmo acerca, simplesmente, de piedade, as pessoas olham para seu rosto como se houvesse um pedacinho moralista de sorvete remanescente dos idos de 1950. Os crentes se sentem mal com a possibilidade de serem taxados por seus amigos de legalistas, pudicos, mente fechada, atrasados, mais santos que os demais – ou pior ainda, fundamentalistas.

Outro motivo para a brecha é que nossas igrejas possuem em seu meio pessoas não regeneradas. Enquanto, por um lado, não desejo que cristãos verdadeiros terminem de ler este livro questionando sua segurança de salvação, eu antevejo (e espero) que alguns crentes professos cheguem à conclusão que ainda não colocaram, de verdade, sua confiança em Cristo. Um dos motivos pelos quais o povo santo de Deus não busca a santidade é porque ainda não nasceram de novo pelo Espírito Santo. Alguns peritos em sondar a opinião pública e alguns eruditos olham para o mundanismo na igreja e concluem que ser alguém que se diz nascido de novo não faz qualquer diferença em como a pessoa vive. Deveríamos chegar à conclusão oposta; ou seja, muitos frequentadores de igreja ainda não nasceram de novo. [8] Conforme afirmou A. W. Tozer, "o simples

---

8 Ver John Piper, *Finalmente Vivos* (São José dos Campos, SP: Editora Fiel, 2011).

bom senso há de nos dizer que qualquer coisa que não gere mudança na pessoa que a professa, também não faz qualquer diferença para Deus, e é um fato plenamente observável que para inúmeras pessoas a mudança de não ter uma fé para ter uma fé não faz real diferença na vida". [9]

Nossa cultura da indiferença também é parcialmente culpada pela brecha. Ser indiferente significa diferenciar-se dos demais. Isso, via de regra, significa ser tolerante com o linguajar, com o entretenimento, com bebida alcoólica e com a moda. É claro que santidade é muito mais que tudo isso, mas num esforço para serem modernos, muitos cristãos concluíram que santidade *nada* tem a ver com essas coisas. Abraçaram a liberdade cristã de forma determinada sem uma busca igualmente comprometida pelas virtudes cristãs.

Entre os cristãos mais liberais, a busca da santidade pode ser suspeita, porque taxar-se qualquer comportamento como "ímpio" soa como atitude condenatória e intolerante. Se tivermos de ser (igreja) "sem mácula, nem ruga" (veja Ef 5.27), precisaremos saber discernir que tipo de atitude, ação e hábitos são puros e quais são impuros. Esse classificar é propício para nos deixar encrencados diante dos defensores do pluralismo.

Entre os cristãos conservadores existe, por vezes, uma concepção equivocada de que se formos verdadeiramente centrados no Evangelho, não teremos de falar em regras, imperativos ou empenho moral. Somos tão determinados em não confundir indicadores (o que Deus já fez) com imperati-

---

[9] A. W. Tozer, *The Best of A. W. Tozer, Volume 1* (Grand Rapids, MI: Baker, 1978), pág. 168.

vos (o que nós deveríamos fazer) que acabamos desconfiados quanto a permitir que mandamentos bíblicos nos conduzam, de forma constrangedora, à convicção de pecado. Tememos palavras como diligência, esforço, e dever. Pastores de hoje já não sabem pregar as boas novas em seus sermões, e ao mesmo tempo, exortar vigorosamente os frequentadores das igrejas a se purificarem de toda corrupção do corpo e do espírito (2 Co 7.1). Sabemos que o legalismo (salvação por meio da guarda da lei) e o antinomianismo (salvação sem a necessidade de se guardar os mandamentos) estão ambos errados, mas o antinomianismo soa como um perigo mais seguro de se correr.

Existe, igualmente, a realidade que santidade é tarefa árdua, e é tão comum sermos preguiçosos. Gostamos de nossos pecados, e morrer para eles é tão doloroso. Praticamente tudo é mais fácil que o crescer em santidade. Por isso, tentamos e fracassamos, tentamos e fracassamos, e acabamos desistindo. É mais fácil assinarmos um abaixo-assinado queixando-nos da desumanidade do homem que amarmos o próximo como a nós mesmos. Uma coisa é sairmos da faculdade prontos para transformar o mundo. É outra completamente diferente sermos resolutos na oração para que Deus nos transforme.

Por fim, muitos cristãos simplesmente abriram mão da santificação. É comum eu ouvir crentes dizerem que duvidam que a santificação seja uma possibilidade. E não é somente porque o processo é difícil. Se nossos melhores esforços não passam de trapos de imundícia (Is 64.6), porque devemos esquentar? Somos todos pecadores incorrigíveis. Nada fazemos que agrade a Deus. Ninguém é realmente humilde, ou puro, ou obediente. A busca da santidade só nos deixará sentindo mais culpados. Aí concluímos que tudo que podemos, de fato, fazer, é nos apegar a Cristo. Somos amados graças à justiça imputada de Cristo, mas obediência pessoal que agrada a Deus, essa é simplesmente impossível. Os verdadeiros super-espirituais não "buscam santidade"; eles celebram seus fracassos como oportunidades para exaltar a graça de Deus.

MAS ELE (TALVEZ) TENHA ISSO CONTRA VOCÊ

Encontro um número crescente de cristãos hoje dispostos a pensar em maneiras criativas de se cativar a cultura. Não é difícil encontrarmos cristãos entusiasmados acerca do plantar igrejas e do serviço do reino. É possível até encontrarmos muitos cristãos apaixonados por teologia precisa. Sim e amém a tudo isso. Falando sério. Não há necessidade de acabarmos com tudo que é bom e verdadeiro só porque algo mais que também é bom e verdadeiro esteja faltando. Nas igrejas do Apocalipse, Jesus elogiou as igrejas naquilo que se mostravam fiéis e aí as desafiou naquilo em que corriam perigo espiritual. Não me sinto vocacionado em fazer com que qualquer pessoa apaixonada por Bach, por pesca de água doce, ou por Herman Bavinck se sinta mal por isso. Há uma centena de coisas boas que você poderá se sentir, como cristão, chamado a buscar. Mas o que estou, sim, dizendo, é que de acordo com a Bíblia, santidade, para todo cristão, deveria ser o item número 1 da lista. Precisamos de mais cristãos em nossos ambientes universitários, em nossas cidades, em nossas igrejas e em nossos seminários que se disponham a dizer, junto com Paulo, "Vede prudentemente como andais" (Ef 5.15).

Seria possível, com todos os sinais positivos de vida espiritual em sua igreja ou em seu coração, ainda assim haver um triste pouco caso para com sua santificação pessoal? Quando foi a última vez que pegamos um texto como "entre vocês não deve haver... obscenidade, nem conversas tolas, nem gracejos imorais, que são inconvenientes, mas, ao invés disso, ações de graças" (Ef 5.3-4) e tentamos começar a aplicar à nossa conversa, aos filmes que assistimos no cinema, aos clipes de YouTube, aos seriados de televisão ou aos comerciais que nos permitimos assistir? O que quer dizer que não deve haver sequer menção de imoralidade entre os santos (v. 3)? Tem de ter um significado. Em nossa cultura saturada com sexo, eu me surpreenderia se em nossos textos e tuitar e mesmo piadas mais reservadas, não houvesse alguma menção de imoralidade. E o que dizer de nossa roupa, nossa música, nosso flertar, e nossa forma de falar sobre pessoas que não se encontram no recinto? Se a batalha contra a pobreza é digna de ser travada, quanto mais a batalha contra nosso próprio pecado? Fato é que, se lermos as instruções dadas às igrejas do Novo Testamento, encontraremos pouquíssimos mandamentos explícitos para cuidarmos dos carentes de nossas comunidades e nenhum mandamento explícito para cuidarmos da natureza, mas dezenas e dezenas de versículos que prescrevem, de uma forma ou de outra, que sejamos santos como Deus é santo (p. ex. 1 Pe 1.13-16).

Vou repetir: não é minha intenção denegrir quaisquer outras ênfases bíblicas que estejam prendendo a atenção de igrejas e cristãos nos dias de hoje. Sei que o livro seria mais interessante se dissesse que todos perderam o "bonde da história" (em termos espirituais). Mas esse não é o caso. Os céus não estão caindo, e nem cairão antes que Jesus de lá venha, primeiro. Mas não precisamos fazer de conta que tudo está errado se simplesmente reconhecermos que nem tudo está aprumado em nossa vida com Deus. Existe um vazio entre nosso amor ao Evangelho e nosso amor pela piedade. Isso precisa mudar. Não é pietismo, legalismo ou fundamentalismo levar santidade a sério. É o curso normal para aqueles que foram chamados a um santo chamamento por um Deus santo.

Capítulo Dois
O QUE MOTIVOU A REDENÇÃO

Por que é que Deus me salvou? Não é uma má pergunta, se você pensar bem. Afinal, você estava morto em delitos e pecados (Ef. 2.1). Como descendente do primeiro homem, Adão, você partilha da culpa e da corrupção do primeiro pecado dele (Rm 5.12-21). Você era inimigo de Deus (v. 10), um pecador concebido em iniquidade (Sl 51.5), e, por natureza, merecedor da ira de Deus (Ef 2.3). Você era um pecador que pecou e merecia morrer (Rm 6.23). Mas observe as boas notícias para todo cristão que lê estas palavras: a Bíblia afirma que, no momento propício, Jesus Cristo morreu por você (Rm 5.8). O Bom Pastor deu sua vida por suas ovelhas (Jo 10.15). Jesus bebeu o cálice da ira de Deus em seu lugar (veja Mc 10.45). A morte dele na cruz implica em que Deus agora é por você e não contra você (Rm 3.25; 8.31-39). Pela fé, através da vida, morte e ressurreição de Cristo, você é um filho de Deus com ele reconciliado, por ele justificado e adotado. Que tremenda boa notícia!

Mas... por quê?

Talvez você já parou para pensar em *como* Deus nos salva, ou *o que* é preciso fazer para ser salvo, ou *quando* você foi salvo. Mas você já parou para considerar *por que* Deus te salvou?

Há mais de uma única resposta correta a essa pergunta. A Bíblia diz que Deus nos salvou porque nos ama (Jo 3.16). Também afirma que Deus nos salvou para o louvor de seu próprio nome (Ef 1.6, 12, 14). Essas são as duas melhores respostas à pergunta "por quê?".

Mas há outra resposta – tão boa quanto, tão bíblica quanto, e tão importante quanto. Deus te salvou para que você pudesse ser santo. Preste atenção à afirmação de propósito contida nesta passagem de Efésios:

> Bendito o Deus e Pai de nosso Senhor Jesus Cristo, que nos tem abençoado com toda sorte de bênção espiritual nas regiões celestiais em Cristo, assim como nos escolheu, nele... *para sermos santos e irrepreensíveis* perante ele (Ef. 1.3-4).

Deus nos escolheu para a salvação na eternidade passada, e enviou Cristo para nos salvar na história e nos deu o dom da fé pelo operar do Espírito Santo em nosso tempo de vida *para que* pudéssemos ser santos.

E repare que Paulo não está falando da justiça de Cristo computada a nosso favor quando cremos em Cristo. Terei muito a dizer a esse respeito nas páginas que seguirão, mas quero que você perceba desde o início que Efésios 1.4 (e há muitos textos como este) está falando de uma santidade pessoal que precisa caracterizar a vida do crente no último dia, e na era presente.[1] Paulo está elaborando a intimação para nos despojarmos do velho homem e nos revestirmos do novo homem (Ef 4.22-24). Ele tem em mente o sermos purificados pelo lavar com água pela palavra (5.26). Quando Deus nos salva pela justiça de Cristo, ele nos salva de forma que nós também venhamos a ser caracterizados por justiça. Conforme bem colocou J. I. Packer, "Na verdade, santidade é o objetivo de nossa redenção. Assim como Cristo morreu para que pudéssemos ser justificados, de forma decorrente, somos justificados para que possamos ser santificados – tornados santos".[2]

Santidade distinguidora é o plano de Deus para seu povo, expresso no Antigo e no Novo Testamentos:

> Tendes visto o que fiz aos egípcios, como vos levei sobre asas de águia e vos cheguei a mim. Agora, pois, se diligentemente ouvirdes a minha

---

[1] Peter T. O'Brien, após argumentar que Efésios 1.4 antecipa a absolvição final no último dia, acrescenta: "Mas isso não visa sugerir que, consequentemente, não devemos nos preocupar com santidade e inculpabilidade no aqui e agora. A 'santidade sem a qual ninguém verá o Senhor' (Hb 12.14) é operada progressivamente em nossa vida de crentes neste mundo, pelo Espírito, e será consumada em glória na *parousia*, o momento da 'redenção' antevista em Ef 1.4; 4.30). E a implicação clara para os crentes é que mesmo agora eles devem viver de acordo com a intenção divina"(*The Letter to the Ephesians* [Grand Rapids, MI: Eerdmans, 1999], pág. 100).

[2] J. I. Packer, *Rediscovering Holiness: Know the Fullness of Life with God* (Ventura, CA: Regal, 2009), pág. 33.

voz e guardardes a minha aliança, então, sereis a minha propriedade peculiar dentre todos os povos; porque toda a terra é minha; vós me sereis reino de sacerdotes e nação santa (Ex 19.4-6a).

Percebe, mais uma vez, o motivo de nossa libertação? Deus salvou os israelitas *para* a santidade. Deus os libertou da escravidão egípcia para que fossem livres para trilhar os caminhos dele. Eles deveriam ser uma nação de pessoas separadas, tão santas que bem podiam ser sacerdotes – cada um deles. Cada cristão em cada igreja deveria viver a mesma identidade sacerdotal (1 Pe 2.9). É por isso que Deus nos resgatou:

- Não te envergonhes, portanto, do testemunho de nosso Senhor, nem do seu encarcerado, que sou eu; pelo contrário, participa comigo dos sofrimentos, a favor do evangelho, segundo o poder de Deus, *que nos salvou e nos chamou com santa vocação*; não segundo as nossas obras, mas conforme a sua própria determinação e graça que nos foi dada em Cristo Jesus, antes dos tempos eternos (2 Tm 1.8-9).
- Porquanto Deus não nos chamou para a impureza, e sim para a santificação (1 Ts 4.7).
- Pois somos feitura dele, criados em Cristo Jesus para boas obras, as quais Deus de antemão preparou para que andássemos nelas (Ef 2.10).

- Maridos, amai vossa mulher, como também Cristo amou a igreja e a si mesmo se entregou por ela, *para que a santificasse*, tendo-a purificado por meio da lavagem de água pela palavra, *para a apresentar a si mesmo igreja gloriosa*, sem mácula, nem ruga, nem coisa semelhante, *porém santa e sem defeito* (Ef 5.25-27).

A Bíblia não poderia ser mais clara. O que motivou a nossa salvação, o *design* por trás de nossa libertação, o propósito pelo qual Deus lhe escolheu, em primeiro lugar, foi a santificação.

UM BEM NECESSÁRIO

A santidade não é apenas o objetivo de nossa redenção; ela é *necessária* à nossa redenção. Agora, antes que você soe o alarme contra legalistas, antes de me amarrar com o cadarço moral de sua botina, e alimentar minha carcaça aos Gálatas, vejamos o que dizem as Escrituras:

- De acordo com Jesus, "Nem todo o que me diz: Senhor, Senhor! entrará no reino dos céus, mas aquele que faz a vontade de meu Pai, que está nos céus" (Mt 7.21). É possível professar as coisas certas e ainda não estar salvo. Somente os que fazem a vontade do Pai entrarão no reino. E isso implica em ouvir as palavras de Jesus e praticá-las (v. 26).

- Muitos textos como 1 Coríntios 6.9-10 ensinam que "os injustos não herdarão o reino de Deus". Encontramos essa mesma ênfase em Gálatas 5.19-21. O ensino constante e frequente da Bíblia é que aqueles cuja vida é marcada por impiedade habitual não irão para o céu. Sermos absolvidos por Deus no último dia implica em que haja evidência fluindo de nós assim como a graça fluiu para dentro de nós.

- 1 João, em especial, delineia vários critérios para que determinemos se verdadeiramente pertencemos a Deus.[3] Os que nasceram de Deus não apenas confessarão o Filho (1 Jo 2.23; 5.15) e crerão que Jesus é o Cristo (5.1), mas também guardarão os mandamentos de Deus (2.3-4), andarão como Cristo andou (2.5-6), praticarão a justiça (2.29) e vencerão o mundo (5.5). "Sabemos que todo aquele que é nascido de Deus não vive em pecado; antes, Aquele que nasceu de Deus o guarda, e o Maligno não lhe toca" (5.18).

- De forma semelhante, a carta de Tiago deixa claro que fé sem as obras que a acompanham não é fé salvadora (Tiago 2.14). "Assim, tam-

---

[3] John Piper encontra onze evidências para o novo nascimento em 1 João. Inclui algumas delas na sentença seguinte. Consulte *Finalmente Vivos* (São José dos Campos, SP: Editora Fiel, 2011), págs. 122-124.

bém a fé, se não tiver obras, por si só está morta"(v. 17). Muitos cristãos têm tido problemas em conciliar a ênfase em obras em Tiago com a ênfase em fé independentemente das obras nos escritos de Paulo. Na realidade, não existe conflito. Paulo quer que vejamos que a fé é o meio instrumental para estar-se reto diante de Deus. Nada contribui para a nossa salvação. A única base é a justiça de Cristo. Tiago, por outro lado, quer que vejamos que evidências de piedade precisam necessariamente acompanhar a fé genuína. Somos justificados pela fé somente, mas a fé que justifica nunca está desacompanhada. Paulo descreve a fé verdadeira e viva; Tiago argumenta contra a fé falsa que consiste de nada além de assentimento intelectual morto (vs. 17, 19, 20, 26).

- E aí temos Hebreus 12.14: "Segui a paz com todos e a santificação, sem a qual ninguém verá o Senhor". Em outras palavras, santidade não é uma opção. Alguns de vocês leitores podem estar pensando: "Sim, isso está absolutamente certo. Precisamos ser santos, e somos contados como santos por causa de Cristo". É verdade. E, aliás, em outros textos de Hebreus, vemos que a santidade – é um dom que recebemos através do Evangelho (10.10,14). Mas Hebreus 12 diz respeito ao desdobrar prático dessa santidade posicional.[4] A santidade de Hebreus 12.14 não é uma santidade que recebemos, mas uma santidade que por ela nós "nos esforçamos por obter". Isso faz sentido se levarmos em conta o contexto de disciplina na primeira metade do capítulo 12. Os Hebreus eram cristãos professos que estavam sofrendo por seu cristianismo, e correndo o risco de naufragar na fé (10.39). Por isso, Deus, o Pai, os disciplinou, de forma que fossem treinados por ela para a justiça (12.11). Deus foi aplicado em tornar seus filhos santos, porque a santidade precisa destacar aqueles que têm comunhão com um Deus santo.

Há literalmente centenas de versículos como os citados. Em 1990 John Piper escreveu uma longa carta que todos deveriam ler. Chama-se "Uma Carta a um Amigo Relativa à Assim Chamada 'Salvação pelo Senhorio'"[5] Naquela época havia um debate razoável acerca de poder-se ou não ter a Jesus como Salvador, sem tê-lo como Senhor. John MacArthur escreveu *O Evangelho Segundo Jesus* para ajudar as pessoas a

---

4 Veja Jerry Bridges, *The Pursuit of Holiness*. Semelhantemente, Peter O'Brien escreve: "Como é que podemos buscar aquilo que consiste em dom de Deus para nós? A resposta adequada é que tais coisas deveriam ser operadas concretamente em nossa vida como crentes" (*The Letter to the Hebreus* [Grand Rapids, MI: Eerdmans, 2010], pág. 472). Posteriormente ele diz: "Todos os crentes precisam ir em frente até a consumação, a santificação aperfeiçoada, que é indispensável para se ver a Deus"(pág. 473).

5 http://www.desiringgod.org/resource-library/articles/letter-to-a-friend-concerning-the--so-called-lorship-salvation. Acessada em 25 de junho de 2011.

enxergarem que a única forma de se seguir Jesus de verdade é seguindo-o como Salvador e Senhor.⁶ Depois que outro pastor questionou o apoio de Piper a esse livro, ele escreveu "Carta a um Amigo". Seguindo-se à carta, encontra-se um Apêndice que relaciona "Textos Que Apontam para a Necessidade de Render-se a Cristo como Senhor Para Herdar a Vida Eterna". É uma lista longa. Piper cita seis passagens que falam da necessidade de fazer-se bem para a vida eterna, treze passagens que falam da necessidade de obediência, duas que falam da necessidade de santidade, duas que lidam com a necessidade de se perdoar o próximo, quatro sobre a necessidade de não se viver de acordo com a carne, duas que falam da necessidade de estarmos livres do amor ao dinheiro, catorze que falam da necessidade de se amar a Cristo e a Deus, e seis acerca da necessidade de se amar o próximo. Há dezenas de outros versículos acerca da necessidade de amar a verdade, ser como uma criança, refrear a língua, perseverar, andar na luz, arrepender-se, combater o bom combate. Em outras palavras, o filho de Deus tem de ser santo.

UMA EXPLICAÇÃO QUE SE FAZ NECESSÁRIA

É preciso deixar clara uma coisa do princípio: enfatizar a necessidade de santidade pessoal não deveria minar, de forma alguma, nossa confiança na justificação pela fé somente. Os melhores teólogos e as afirmativas teológicas de maior peso

---

6 John MacArthur, *O Evangelho Segundo Jesus: 2ª edição* (São José dos Campos, SP: FIEL, 2008).

sempre enfatizaram natureza escandalosa do evangelho da graça *e* a necessidade indispensável de santidade pessoal. Fé e boas obras são ambas necessárias. Mas uma é a raiz e outra é o fruto. Deus nos declara justos exclusivamente por causa da justiça de Cristo a nós creditada (imputada – 2 Co 5.21). Nossa inocência aos olhos de Deus não é – de forma alguma – alicerçada em obras de amor ou atos de caridade. Enquanto um Católico Romano possa responder à pergunta "O que preciso fazer para ser salvo?" afirmando, "Arrependa-se, creia e viva em caridade"[7], o apóstolo Paulo responde à mesmíssima pergunta com um "Crê no Senhor Jesus e serás salvo, tu e tua casa" (At 16.31). Acertar as contas com Deus depende exclusiva e somente da fé. [8]

Mas há mais a ser dito acerca dessa fé. A fé que lhe liga a Cristo e o torna reto diante de Deus é uma fé que opera pelo amor (Gl 5.6). No último dia, Deus não nos absolverá com base em nossas boas obras terem sido boas o suficiente, mas procurará evidência de que nossa boa confissão não foi falsa. É nesse sentido que precisamos ser santos.

Não há qualquer elemento não-Protestante no enfatizar a necessidade de santidade pessoal. Por exemplo, a Confissão Belga (1561) declara: "não baseamos nossa salvação nas [boas obras]". Somos justificados por fé somente, independentemente das obras. Mas a Confissão também declara que "é

---

7 Peter J. Kreeft, *Catholic Christianity* (San Francisco: Ignatius, 2001) pág. 130.
8 Isto não significa que fé é a boa obra que nos salva. Fé é apenas a causa instrumental de nossa salvação. É o meio pelo qual somos unidos a Cristo e nos tornamos participantes de todos os seus benefícios (Ef 1.3; 2.8-9).

impossível que essa fé santa seja infrutífera num ser humano, uma vez que não falamos de uma fé vazia, mas sim daquilo que a Escritura chama de 'fé que opera pelo amor'". [9] Semelhantemente, o Catecismo de Heidelberg (1563) ensina que somente a verdadeira fé em Jesus Cristo pode nos tornar retos diante de Deus. Tudo que precisamos fazer é aceitar esse dom de Deus com um coração que crê. E ainda assim, não há hesitação ao salientar, posteriormente, a necessidade de santidade: "Podem os que não se voltam para Deus, de seu coração ingrato e caminhar impenitente, ser salvos? De forma alguma. A Escritura nos fala que nenhuma pessoa incasta, nenhum idólatra, nenhum adúltero, nenhum ladrão, nenhuma pessoa cobiçosa, nenhum beberrão, caluniador, assaltante, ou coisa semelhante haverá de herdar o reino de Deus". [10] Afirmações assim poderiam facilmente ser multiplicadas praticamente de qualquer declaração doutrinária que brotou da Reforma. [11]

Em tudo isso, vale repetir que Deus é quem está operando em nós, dando-nos o desejo e a capacidade de obedecer. Nós nada ganhamos por merecimento. Tudo nos é prometido. Mas não fique com tanto medo da justiça por meio de obras de forma a empalidecer aquilo que a Bíblia retrata em cores tão vivas. Somos salvos pela graça mediante a fé (Ef 2.8). *E* nós fomos criados em Cristo Jesus para as boas obras (Ef 2.10). Qualquer

---

9 Confissão Belga, artigo 24.
10 Veja o Catecismo de Heidelberg, P/R 60, 61, 87.
11 Veja, por exemplo, A Epítome da Fórmula de Concórdia 4.1 (Luteranos); A Confissão de Fé de Westminster 13.1 (Presbiterianos/Reformados); e Artigo 13 dos Trinta e Nove Artigos (Anglicanos).

evangelho que tem o sentido de salvar as pessoas sem também as transformar é um convite à crença fácil. Se você acha que ser um cristão nada mais é do que fazer uma oração ou filiar-se a uma igreja, então você já confundiu a graça genuína com a graça barata. Os que são justificados *serão* santificados.[12]

Não há como negar ou duvidar daquilo que Deus disse. É claro em praticamente cada página da Bíblia: somos ordenados a ser santos, fomos salvos para ser santos, e, aliás, precisamos ser santos se quisermos herdar a vida eterna.

---

12 No próximo capítulo, eu falo acerca da diferença entre a santificação definitiva e a progressiva. Em certo sentido, os que foram justificado, de certa forma, já foram santificados (definitivamente). Mas também é correto dizer-se que aqueles que são justificados serão santificados (progressivamente).

Capítulo Três
O PADRÃO DA PIEDADE

Não resta dúvida que santidade é um dos temas centrais da Bíblia. A palavra "santo" ocorre mais de 600 vezes na Bíblia, e mais de 700 quando incluímos palavras dela derivadas como santidade, santificar e santificação. Não há como compreender a Bíblia sem entender que Deus é santo e que esse Deus santo está determinado a criar um povo santo para viver com ele eternamente num santo céu. Todo o sistema de culto de Israel revolvia ao redor da santidade. É por isso que existia um povo santo (os sacerdotes), com roupas santas, numa terra santa (Canaã), num santo lugar (tabernáculo/templo), utilizando utensílios e objetos santos, celebrando dias santos, vivendo norteado por uma lei santa, de forma que pudessem ser um reino de sacerdotes e uma nação santa.

Em seu sentido mais básico, santidade significa separação.[1] Trata-se de um termo relativo a espaço. Quando algo ou alguém é santo, é posto em separado. No Discurso de Gettysburg (1863), Abraham Lincoln declarou o campo de batalha da Guerra Civil na Pensilvânia "solo santificado". Graças a eventos significativos que ocorreram em Gettysburg, Cemetery Ridge e Little Round Top seriam para sempre separados, jamais sendo lugares comuns, mas de significado consagrado a comemoração especial. O campo de batalha de Gettysburg seria solo sagrado, um lugar separado.

De forma semelhante, Deus é santo porque é transcendente e diferente de tudo que ele mesmo criou. Ele é separado e distinto, e não ordinário ou comum. Ele é Deus, e não há outro (Is 45.22). Somos chamados a ser santos porque Deus é santo (Lv 11.44, 45; 19.2; 1 Pe 1.15-16). Nosso Deus santo nos separou para vivermos de forma a refletir, embora de forma imperfeita, sua santidade.

JÁ, MAS AINDA CRESCENDO

É importante perceber-se bem cedo neste livro – e veremos isto reiteradas vezes nos capítulos seguintes – que, num certo sentido, nós, os cristãos, já somos santos em Cristo. Quando o cristão fala de "santificação", geralmente quer dizer alguma coisa parecida com "o processo de crescer em piedade". Por séculos a fio, teólogos têm feito a distinção entre justifi-

---

[1] David Peterson, *Possessed by God: A New Testament Theology of Santification and Holiness* (Downers Grove, IL: InterVarsity Press, 1995), pág. 17.

cação – a declaração num momento da história de que somos justos – e santificação – o processo contínuo de nos tornarmos retos, justos. Trata-se de uma forma clara de se falar, e é assim que usarei "santificação" nas páginas que se seguem. Mas quando o Novo Testamento utiliza o verbo "santificar" ou o substantivo "santificação", constantemente isso se refere à obra salvadora de Deus *já realizada* em nós que pertencemos a Cristo. [2] De acordo com Hebreus 10.10, fomos santificados de uma vez para sempre através da oferta do corpo de Jesus Cristo (na cruz). Em Atos 20.32 e em 26.18, os "santificados" aparentam ser sinônimo de verdadeiros cristãos. Em outros lugares, "santos" são aqueles que foram "santificados em Cristo Jesus" (1 Co 1.2). Assim sendo, Paulo pode equacionar ser santificado com o ser lavado e ser justificado (6.11). Quando somos unidos a Cristo pela fé, ele se torna para nós nossa sabedoria, justiça, santificação e redenção (1.30).

Nessa forma de pensar, todo cristão é santificado. Já fomos separados, não somos mais comuns, profanos. Alguns teólogos chamam esse dom de santidade através de nossa união com Cristo, de nossa "santificação definitiva". [3] Mas essa santificação definitiva não elimina a necessidade de "santificação progressiva". Em Cristo, cada crente possui a de-uma-vez-para-sempre santidade *posicional*, e por meio dessa nova identidade cada cristão recebe a ordem de crescer no

---

2 Ibid, pág. 27.
3 John Murray, "Definitive Santification", em *Collected Writings of John Murray*, 4 vol. (Edinburgh: Banner of Truth, 1977), 2:277-284.

processo de santidade contínuo-pela-vida-toda (Fl 2.12-13). Conforme explicou David Peterson, "Os crentes estão definitivamente consagrados a Deus de forma a viverem vida dedicada e santa, para a glória Dele". [4] Em outras palavras, santificados é o que somos e o que devemos nos tornar.

IMITAÇÃO BARATA

Mas o que, exatamente, estamos procurando nos tornar? Deus nos salvou para sermos santos – entendi. Precisamos ser santos como Deus é santo – confere. Fomos separados para servir a Deus – gostei. Mas com o que a santidade se parece? Vamos procurar retirar isso da estratosfera teológica e trazê-la no nível do chão onde nós adoramos, trabalhamos e nos divertimos. Vou começar com vários exemplos do que santidade não é.

Santidade Não é Mero Obedecer a Regras

A palavra "mero", aqui, é de extrema importância. Santidade não é menos do que obedecer mandamentos. Afinal, Jesus não disse "Se vocês me amarem, vocês desistirão de obedecer a regras e religião e farão o que bem entenderem". Ele disse: "Se me amais, guardareis os meus mandamentos" (João 14.15). Assim sendo, gente santa obedece, mas isto não é um simples guardar de normas. Piedade é mais que simples moralidade e escrupulosidade. Os fariseus eram externamente morais, mas o coração deles, frequentemente, estava longe

---
4 Peterson, *Possessed by God: A New Testament Theology of Santification and Holiness*

de Deus (Marcos 7.7). Neville Chamberlain foi escrupuloso ao praticar a chamada "política de apaziguamento" com Hitler, mas dificilmente alguém consideraria Chamberlain um dos heróis da história. Não me entenda mal, levando tudo em conta, prefiro ser uma pessoa educada, que planta árvores, paga seus impostos, assiste filmes proibidos a menores de 14 anos quando chegam nos cinemas, a ser um eremita beberrão que aposta em briga de galo e se veste como se estivesse antiquado para as típicas[5] Feiras da Renascença. Mas santidade vai além de valores de família típicos da classe média.

É simples demais transformar a batalha de fé numa santificação-por-lista-a-ser-ticada. Livrar-se de alguns maus hábitos, desenvolver alguns bons hábitos, e está tudo resolvido. Mas uma lista de checagem moral não leva em conta os ídolos do coração. Talvez nem sequer tenha o Evangelho como parte da equação. E, inevitavelmente, espiritualidade baseada em lista de checagem costuma ser altamente seletiva. Por isso você acaba se sentindo bem sucedido quanto à santificação porque conseguiu se manter longe das drogas, perdeu peso, trabalhou no sopão distribuído pela igreja, e deixou de usar produtos feitos de isopor. Mas acabou negligenciando a bondade, humildade, alegria e pureza sexual. Deus nem chegou perto de seu coração. Eu provavelmente poderia vender muitos livros se exigisse dos cristãos que lessem a Bíblia duas horas por dia, jogassem fora a televisão, vendessem o que possuem, adotassem três órfãos e fossem viver em comunidade.

---

5 N.E: Essas feiras temáticas são bem comuns nos Estados Unidos da América.

Nós gostamos dessas listas. Alguns até gostam de ser surrados por coisas assim e aí serem informados o que precisam fazer para se tornarem verdadeiros gigantes espirituais. Esse tipo de exortação pode, a princípio, soar promissora, mas com o tempo se mostram ineficazes. O simples guardar de normas não é a resposta porque santidade não pode ser reduzida a uma simples e pequena restauração ética.

Santidade Não é Imitação Geracional

Já que sou uma pessoa jovem escrevendo ("tipo") de forma que desafia gente jovem (entre outros), seria tentador para cristãos mais velhos presumir que este livro diz respeito a quão melhor as coisas costumavam ser. Mas, como Billy Joel cantou (viram só, não sou tão jovem!): "Os bons e velhos tempos não eram sempre bons e o amanhã não é tão ruim como parece". A busca da santidade não é um esforço quixotesco para recriar os idos dos anos 50, para não dizer os idos de 1590.

É claro que há muito que podemos aprender de gerações que nos antecederam. É comum eu procurar exemplos teológicos ou éticos dentre os Puritanos, os Reformadores ou mesmo na geração de meus avós. Mas aprender dos Puritanos não implica em que tenhamos de falar como eles, vestir como eles, ou abolir o Natal como alguns deles fizeram. Não há atalhos para a santificação ao tentarmos reviver os anos dourados de alguma era longínqua. "Se tão somente as coisas pudessem ser como costumavam ser". Bom, talvez isso ajude se o padrão de decência sexual for o padrão da sociedade, o padrão público, mas os anos dourados não foram tão dourados assim no que diz respeito ao relacionamento entre as raças. Toda geração tem seus pontos altos como tem seus pontos cegos. Aprender do que foi bom e evitar o que foi ruim requer sabedoria. Mas sim, eu penso que cristãos em geral costumavam estar mais preocupados com santidade pessoal, em certas áreas. Mas será que Deus quer que recriemos o mundo deles ou reintroduzamos toda a restrição acerca do jogar cartas ou de proibições etílicas? Duvido.

Santidade Não É Espiritualidade Genérica

Será que já surgiu uma frase mais competente no contrabandear de confusão doutrinária e frouxidão moral que o chavão "espiritual, não religioso"? Dando o desconto, para alguns isso significa "eu desejo um relacionamento pessoal, transformador de vida com Deus, e não me satisfazer com simples presença à igreja". Mas com grande frequência a expressão implica em um desgostar de padrões teológicos, absolutos morais, e religião organizada. Ser espiritual no jargão moderno significa estar aberto a mistério e ter interesse em coisas "espirituais" como oração, cura, paz interior e um sentido abstrato de amor.

Verdadeira espiritualidade significa ser transformado pelo Espírito através da comunhão com o Pai e com o Filho. Se você se interessa por espiritualidade, sua prioridade deveria ser crescer em santidade que procede do Espírito. Justiça é o alvo do discipulado cristão. "No mundo cristão contemporâneo, tal afirmativa poderá soar radical", observa R. C. Sproul. "Muitos têm me abordado acerca de serem éticos, morais, espirituais e até piedosos. Mas ninguém parece estar interessando em falar de justiça". [6] Ser salvo pela graça convertedora do Espírito, ser selado com a garantia absoluta do Espírito, e ser santificado pelo poder interior do Espírito – é isso que significa ser espiritual.

Santidade Não É "Encontrar Meu Verdadeiro Eu"
Na sociedade ocidental secular, a pessoa verdadeiramente boa é a que aprendeu a ser genuína consigo mesma. Anna Quindlen, por exemplo (que já escreveu para o *New York Times* e para a revista *Newsweek*), disse o seguinte a um grupo de formandos:

> Cada um de vocês é tão diferente quanto suas digitais. Porque seguirem os outros sem pensar? Nosso apego a esse seguir os outros sem pensar é nossa maior maldição, a fonte de tudo que nos atormenta. É a fonte de toda homofobia, xenofobia, racismo, sexismo, terrorismo, intolerância de toda espécie e matiz, porque nos diz que há uma única forma certa de se fazer as coisas, de se olhar, de se comportar, de sentir, quando a única forma correta de sentir é seu coração reclamando e parar para ouvir o que seus timbales têm a dizer. [7]

---
6 R. C. Sproul, *A Santidade de Deus – A grandeza, a majestade e a glória de Deus* (São Paulo, SP: Cultura Cristã, 1997).
7 Citado em *First Things* (Agosto/Setembro, 2002): pág. 95

Parece que a Da. Quindlen está dando bastante crédito a meu pequeno timbale interior. E se seu timbale for homofóbico, xenofóbico, racista ou sexista? Ou será que todos os seus vícios podem ser atribuídos a seguir os outros sem pensar – afinal, toda gente ruim não segue os outros e toda gente boa não faz o que lhe dá na telha? E se você seguir o conselho de Quindlen e rejeitar a lista de intolerâncias que ela menciona? Será que isso faz de você um perdedor que segue os outros? Você consegue ouvir seus timbales e a paraninfa da turma ao mesmo tempo? Penso ser um credo central do pós-modernismo que você pode marchar ao ritmo de seu próprio timbale, desde que ele toque no compasso do meu.

Mas e se seu bongô estiver em descompasso com o Deus do universo? Estão nos dizendo que existe um lado bom em todos nós. Milhares de filmes têm procurado retratar que o propósito da vida é encontrar seu verdadeiro eu. Aprendemos de incontáveis programas de televisão que nosso mais alto chamamento é acreditar em nossas possibilidades. O mundo insiste em santidade. Não permita que lhe convençam do contrário. Mas a santidade do mundo não se encontra em ser fiel a Deus; encontra-se no ser fiel a si mesmo. E ser fiel a si mesmo invariavelmente significa ser fiel à definição de tolerância e diversidade de outra pessoa.

Santidade Não É O Jeitão do Mundo

Jamais progrediremos em nossa santidade se estivermos aguardando que o mundo festeje nossa piedade. Com certeza, de vez em quando valores culturais irão se sobrepor a valores bíblicos. No ocidente, racismo explícito não é tolerado. Em países muçulmanos, franze-se a sobrancelha diante do homossexualismo. No chamado *Bible Belt* norte americano, encoraja-se a frequência à igreja. Mas "mundo" não é outra forma de referir-se às "pessoas que nos rodeiam". O padrão do "mundo" é o defender tudo que se opõe à vontade de Deus. Na forma mais simples, isso equivale ao texto que fala sobre "a cobiça da carne, a cobiça dos olhos e a ostentação dos bens"(1 João 2.16). Ou, em outras palavras, mundanismo é aquilo que faz o pecado parecer normal e o que é correto parecer estranho.[8] Algumas nações e culturas são melhores que outras, mas em toda sociedade há um princípio de Babilônia que guerreia contra os filhos de Deus (Apocalipse 17-18).

Mundanismo é problema sério. A Bíblia declara que "Se alguém amar o mundo, o amor do Pai não está nele" (1 João 2.15). Os cristãos costumavam falar sobre mundanismo e temer sua influência rastejadora. Hoje, entretanto, se você fala em se vestir de maneira mundana, ou gastar dinheiro de forma mundana ou buscar entretenimento mundano, tudo que é provável que você ouça é uma risada contida. Mundanismo é aquilo que incomodava nossos avós. Temos um planeta a salvar e não temos tempo para nos preocupar com trivialidades. Nós simplesmente não acreditamos mais que amizade com o mundo é inimizade contra Deus (Tiago 4.4).

---

8 David F. Wells, *God in the Wasteland: The Reality of Truth in a World of Fading Dreams* (Grand Rapids, MI: Eerdmans, 1994), pág. 29.

Muitos cristãos têm a noção equivocada de que se simplesmente formos cristãos melhores, todos nos aplaudirão. Não percebem que santidade paga um certo pedágio. É claro que podemos nos concentrar nas virtudes que o mundo aprecia. Mas se você levar a sério a verdadeira religião que cuida dos órfãos e promove pureza (Tiago 1.27), você perderá amigos que lutou tanto para conquistar. Tornar-se sacrifício vivo, santo e aceitável a Deus, exige que você resista ao mundo que deseja conformá-lo a seu molde (Rm 12.1-2). Guardar-se puro para o casamento, ficar sóbrio numa 6ª. feira à noite, abrir mão de uma promoção só para poder continuar frequentando a igreja, recusar-se a dizer palavras parecidas com palavrões, desligar a televisão – esse é o tipo de coisa que o mundo não entende. Não espere que entendam. O mundo não fornece incentivadoras de torcida no caminho da santidade.

A COISA AUTÊNTICA

Vimos cinco exemplos do que santidade não é. Vejamos, agora, o lado positivo – com que a santidade se parece.

A Santidade se Parece com um Renovar da Imagem de Deus em Nós

Adão e Eva foram criados à imagem e semelhança de Deus (Gn 1.26). Mas no pecado de Adão, a raça humana foi entregue à corrupção (Rm 5.12-21). Ainda carregamos a imagem de Deus (Gn 9.6; Tiago 3.9), mas a imagem foi distorcida (Gn 6.5; Ec 7.29). O objetivo da santificação é o restabelecimento dessa imagem. A pessoa santa está sendo renovada no conhecimento segundo a imagem do Criador (Cl 3.10), o que significa crescer em justiça e santidade (Ef 4.24). Isso não acontece de repente, mas somos transformados na imagem de Deus em um grau de glória a outro (2 Co 3.18). Deus é santo, portanto, em linguagem simples, ser santo significa ser como Deus. Por isso é tão importante que cristãos conheçam o caráter e a obra daquele a quem cultuam. Se você quer saber com que se parece a santidade, olhe para Deus.

A Santidade se Parece com uma Vida Marcada por Virtude e não por Vício

Mas com o que se parece o caráter semelhante a Deus, no povo de Deus? Uma forma de se responder a essa pergunta é olhando para cada mandamento e exemplo contidos na Bíblia. Mas uma abordagem mais rápida é examinar a lista de vícios e virtudes do Novo Testamento. Eles nos fornecem um resumo bastante útil da impiedade e da santidade.

Vejamos alguns vícios que caracterizam os ímpios, o tipo de gente que não entrará no reino:

- Marcos 7.21-22: maus pensamentos, imoralidades sexuais, roubos, homicídios, adultérios, cobiças, maldades, engano, devassidão, inveja, calúnia, arrogância e insensatez.
- Romanos 1.24-31: impureza sexual, relações homossexuais, toda sorte de injustiça, malda-

de, ganância, depravação, inveja, homicídio, rivalidades, engano, malícia, calunia, inimizade contra Deus, desobediência a pais, insensatez, deslealdade, insensibilidade, desumanidade.
- Romanos 13.13: orgias, bebedeiras, imoralidade sexual, depravação, desavenças, inveja.
- 1 Coríntios 6.9-10: imorais, idólatras, adúlteros, homens que praticam a homossexualidade, ladrões, avarentos, alcoólatras, caluniadores, trapaceiros.
- Gálatas 5.19-21: imoralidade sexual, impureza, libertinagem, idolatria, feitiçaria, ódio, discórdia, ciúmes, ira, egoísmo, dissensões, facções, inveja, embriaguez, orgias e coisas semelhantes.
- Colossenses 3.5-9: imoralidade sexual, impureza, paixão, desejos maus, ganância (que é idolatria), ira, indignação, maldade, maledicência, linguagem obcena, mentira.
- 1 Timóteo 1.9-10: ímpios, profanos, que matam pai e mãe, homicidas, que praticam imoralidade sexual, homens que praticam a homossexualidade, sequestradores, mentirosos, juram falsamente, todo aquele que se opõe à sã doutrina.
- Apocalipse 21.8: covardes, incrédulos, depravados, assassinos, os sexualmente imorais, feiticeiros, idólatras, e todos os mentirosos.

Do outro lado da moeda encontramos as virtudes encontradas no povo de Deus:

- Romanos 12:9-21: amor sincero, ódio pelo mal; apegados ao que é bom, amor fraternal, excedendo em dar honra, zelo, fervor de espírito, serviço ao Senhor, alegres na esperança, pacientes na tribulação, perseverantes na oração, generosos, hospitaleiros, que abençoam os inimigos, que se alegram com os que se alegram; choram com os que choram, harmoniosos, humildes, não orgulhosos, que se associam com pessoas de posição inferior, não sábios aos próprios olhos, não retribuidores de mal por mal, que vencem o mal com o bem.
- 1 Coríntios 13.4-7: amorosos, pacientes, bondosos, não invejosos, que não se vangloriam, que não se orgulham, que não maltratam, que não procuram seus interesses, não se iram facilmente, não guardam rancor, que não se alegram com a injustiça, mas se alegram com a verdade, tudo sofrem, tudo creem, tudo esperam, tudo suportam.
- Gálatas 5.22-23: amor, alegria, paz, paciência, amabilidade, bondade, fidelidade, mansidão, domínio próprio.

- Colossenses 3.12-15: corações compassivos, bondade, humildade, mansidão, paciência, que suportam uns aos outros, que perdoam uns aos outros, paz, gratidão.
- 2 Pedro 1.5-7: virtude, conhecimento, domínio próprio, perseverança, piedade, fraternidade, e amor.

Conforme podemos notar, há bastante sobreposição e um bom número de temas comuns que nos fornecem um bom quadro da aparência da piedade. Não há diretrizes sobre quanto tempo devemos passar em oração por dia, ou quanto dinheiro devemos dar aos pobres. Os cristãos, via de regra, equacionam santidade com ativismo e disciplinas espirituais. E enquanto é fato de que o ativismo é frequentemente o fruto da santidade e as disciplinas espirituais são necessárias ao cultivo da santidade, o padrão de piedade externado pelas Escrituras diz respeito, mais explicitamente, a caráter. Nós nos despimos do pecado e nos revestimos da justiça. Nós mortificamos os feitos da carne e nos revestimos de Cristo. Para usar linguagem mais antiga, nós buscamos a mortificação do velho homem e a vivificação do novo homem.

Empregando uma metáfora, é possível pensarmos em santidade como a santificação do nosso corpo. A mente é cheia do conhecimento de Deus e está focada no que é bom. Os olhos se desviam da sensualidade e estremecem ao contemplarem o mal. A boca fala a verdade e se recusa a fofocar, maldizer, ou falar o que é vulgar ou obsceno. O espírito é determinado, constante, e gentil. O coração está repleto de alegria em lugar de desesperança, paciência em lugar de irritabilidade, bondade em lugar de ira, humildade em lugar de orgulho, e gratidão em lugar de inveja. Os órgãos sexuais são puros, estando reservados para a privacidade do casamento entre um homem e uma mulher. Os pés andam rumo aos menos afortunados e fogem do conflito sem sentido, das divisões e das festas imorais. As mãos estão prontas a ajudar os que têm necessidades e prontas a se juntar para orar. Esta é a anatomia da santidade.

A Santidade se Parece com uma Consciência Limpa

Não pensamos na consciência tanto quanto deveríamos. Mas a Bíblia tem muito mais a dizer acerca da "pequena voz em sua cabeça" do que imaginamos. Umas das bênçãos da justificação é uma consciência limpa diante de Deus. As acusações do Diabo podem ser silenciadas pelo sangue do Cordeiro (Ap 12.10-11; conf. Rm 8.1; Zc 3.2). Mas mesmo depois de reconciliados com Deus precisamos dar atenção à nossa consciência. De acordo com Rm 2.15, todos temos a lei escrita em nossos corações de forma que nossa consciência ou nos acusa ou nos defende. Deus nos fala através da consciência, e quando negligenciamos sua voz nos colocamos numa posição muito perigosa.

É claro que a consciência não é infalível. Podemos ter uma consciência má que não volta as costas para o pecado (Hb 10.22). Podemos ter uma consciência cauterizada que já não se sente mal com o pecado (1 Tm 4.2). Podemos ter uma consciência fraca que se sente mal com coisas que, na realidade, não são erradas (1 Co 8.7-12). E também podemos ter uma consciência corrompida que perde a capacidade de discernir o certo do errado (Tt 1.15). [9] A consciência não é substituta para a Bíblia e jamais deve estar em oposição a ela. Mas uma boa consciência é um presente de Deus. À medida que buscamos a santidade, sempre precisamos ficar atentos à voz de Deus falando-nos através de uma consciência sensível, informada que é pela Palavra de Deus. Ela não nos conduzirá à tentação, mas nos livrará do mal.

É importantíssimo que a consciência do cristão esteja limpa. É por isso que Paulo declarou: "Por isso, também me esforço para ter sempre consciência pura diante de Deus e dos homens" (At 24.16). Ele frequentemente se referiu ao testemunho de sua consciência como sua "glória" e como indicação de sua retidão moral (Rm 9.1; 2 Co 1.12; 4.2). Paulo reconheceu que poderia estar equivocado em sua auto-avaliação, mas era importante para ele não estar informado de nada contra si mesmo (1 Co 4.4). Quando violamos nosso senso de certo e errado, mesmo se nossa ação em si não seja pecaminosa, somos culpados de pecar. "Tudo que não provém de fé é pecado" (Rm 14.23). Ou seja, se você não crê que o que está fazendo seja aceitável, então não é aceitável que você o pratique. Você não pode ignorar sua consciência.

---

9 Ver Jerry White, *Honestidade, Moralidade e Consciência* (Rio de Janeiro, RJ: Junta de Educação Religiosa e Publicações da Convenção Batista Brasileira, 1984).

Suponhamos que você tenha crescido pensando que ingerir bebida alcoólica é errado. Ou seja, sempre errado, ao ponto de preferir ingerir soda cáustica a ingerir Bud Light. Mas agora você frequenta uma igreja que diz que ingerir bebida alcoólica não é algo pecaminoso, desde que você tenha idade para isso e não beba em excesso. O que você deveria fazer? Se estiver convicto de que a Bíblia aprova a ingestão de álcool com moderação, nesse caso você está livre para beber (1 Tm 5.23; conf. Jo 2.1-11).[10] Mas se ainda lhe causa aversão, você deveria se abster. Mesmo que a Bíblia lhe dê farol verde, o farol vermelho de sua consciência não deveria ser transgredido. É por isso que passagens como 1 Coríntios 8 e 10 e Romanos 14 repreendem cristãos possuidores de "consciência forte" que lideram cristãos de "consciência fraca" quanto a fazerem coisas que seriam erradas para os tais. O perigo é que, se você violar sua consciência nesse pormenor (mesmo que a ação em si não seja proibida), você aprenderá a desobedecer sua consciência em outras questões.

Deixe-me fornecer dois exemplos de minha própria vida em que procurei (e por vezes falhei em) ouvir minha consciência. A primeira diz respeito a cinema, e a segunda, a namoro.

Eu não sou fanático por filmes. Sinto que já assisti o suficiente, tanto que se hoje tiver uma noite livre, prefiro ler um

---

10 Embora eu ratifique que cristãos podem ingerir bebida alcoólica, eu pessoalmente não o faço. Em certo sentido, jamais dei à bebida alcoólica muita chance, porque tenho uma consciência fraca. Mas principalmente, porque, para mim, não cheira bem, não possui aparência atrativa, e nem tem gosto bom. Pergunte a meus amigos e eles lhe dirão que me sinto assim acerca de muitas coisas normais que pessoas consomem. Eu possuo o que se pode chamar de um "paladar sensível".

livro, jogar um jogo, assistir a um jogo desportivo a assistir um filme. Já minha esposa, por outro lado, gosta de filmes, em especial dramas produzidos pela BBC e outros filmes bastante inocentes. Mas por vezes surgem cenas que me inquietam. São geralmente sensuais ou sexuais em natureza. Não é preciso muito para que me sinta culpado. Será que isso é porque sou mais sujeito a tentação visual? Com certeza, isso faz parte. A sensibilidade de minha consciência é sinal de que estou progredindo em santificação? Não tenho certeza. Preciso tomar cuidado (especialmente com filmes) para que não pressuponha que minhas dores de consciência significam que todos os demais que estão assistindo estão cometendo pecado. Mas quando minha consciência é aguilhoada, eu não deveria continuar assistindo. Uma consciência sensível não é lá coisa para se jogar fora.

Casualmente, com o passar dos anos aprendi que a maneira mais simples de julgar essas áreas cinzentas como filmes, televisão, música, é fazer uma pergunta bastante simples: posso agradecer a Deus por isso?[11] (Devemos dar graças em todas as circunstâncias, certo?) Há não muito tempo, minha esposa e eu fomos ao cinema para assistir um dos lançamentos do verão. Era um filme cômico, proibido para menores de 13 anos e provavelmente poderíamos dizer que não tinha nenhum tre-

---

11   Compare com 1 Coríntios 10.23-33. Jerry Bridges sugere quatro perguntas para discernirmos questões de liberdade cristã: Isso ajuda? Me traz debaixo de seu domínio? Agride a outros? Glorifica a Deus? *(A Busca da Santidade)*. Veja também 1 Timóteo 4.4-5: "Pois tudo que Deus criou é bom, e , recebido com ações de graças, nada é recusável, porque, pela palavra de Deus e pela oração, é santificado".

cho ruim. Mas em vários momentos era relativamente sensual e sugestivo. Cheguei no cinema (sim, eu assisti ele inteiro) e pensei: "Posso realmente agradecer a Deus por isto?" Veja bem, eu não sou um estraga prazeres dos piores. Gosto de rir e curtir a vida. Consigo agradecer a Deus pelo Chicago Bears[12], Hot N' Readys[13] e Brian Regan. [14] Mas sinceramente me pergunto se após a maior parte do entretenimento em que nos regalamos, poderíamos sinceramente ajoelhar e dizer: "Grato, Senhor, por este presente". Algo para pensarmos.

O outro exemplo diz respeito a namoro. Quando minha esposa e eu namorávamos, tínhamos nossas dificuldade com onde colocar os limites para nosso relacionamento físico. Como no caso de muitos casais (até mesmo os cristãos, e os que estão se preparando para o ministério pastoral), a luta só se acirrou depois que ficamos noivos. Procurei conselho com vários cristãos que respeitava muito, alguns casados, outros noivos como eu. Me passaram conselhos conflitantes sobre "quão longe é longe demais". É claro, o sexo estava fora de questão, assim como várias outras coisas a caminho do sexo. Mas onde é que cristãos deveriam estipular o limite? O que sei é que, mesmo que tenhamos parado bem longe do ato sexual em si, não ajudou em nosso relacionamento físico. Se não fizemos outra coisa, pelo menos minha esposa e eu pecamos contra nossa consciência, mesmo que alguns amigos pudes-

---

12 NT: time de futebol americano.
13 Rede de pizzarias.
14 Comediante em alta nos Estados Unidos.

sem "ir mais longe" e ainda assim não se sentirem culpados. Foi somente depois de casados que vimos claramente o nosso pecado e eu pedi perdão à minha esposa e a Deus.

Quando o assunto é intimidade física antes do casamento, penso que muitos cristãos estão, objetivamente falando, pecando, mesmo que sintam que não estão. Mas falarei mais a respeito disso posteriormente. O que desejo que você veja neste momento é que escolhas questionáveis, até mesmo as aceitáveis, são pecaminosas quando você não se sente bem. Cristãos não deveriam violar, e nem pressionar outros a violarem, o que suas consciências acusam como sendo errado.

A Santidade se Parece com Obediência aos Mandamentos de Deus
Soa bastante espiritual dizer que Deus está interessado em relacionamentos, não em regras. Mas isso não é bíblico. Do início ao fim, a Bíblia está repleta de mandamentos. Eles não visam sufocar o relacionamento com Deus, mas sim protegê-lo, selá-lo e definí-lo. Jamais se esqueça: primeiro Deus livrou os israelitas do Egito, *depois* lhes deu a lei. O povo de Deus não foi redimido *pelo* observar da lei, mas foram redimidos *para que pudessem observar* a lei. "Ora, sabemos que o temos conhecido por isto: se guardarmos os seus mandamentos"(1 Jo 2.3). Podemos passar o dia falando de nosso amor por Deus, mas se não obedecermos os seus mandamentos somos mentirosos e a verdade não está em nós (v. 4). Se amarmos a Jesus, obedeceremos a sua Palavra (João 14.23). Semelhantemente, se você ama sua esposa, você manterá seu voto de fidelidade a ela

enquanto ambos forem vivos. A exigência de fidelidade sexual não perverte o relacionamento matrimonial; antes, o promove e o realça. Da mesma forma, os mandamentos de Deus nos são dados como meios da graça de forma que possamos crescer em piedade de demonstrar amor a ele.

A norma para a santidade é a lei, em especial, os Dez Mandamentos. Os cristãos nem sempre concordam em como enxergar a lei (algo que tratarei em maior detalhe no próximo capítulo), mas historicamente a igreja colocou os Dez Mandamentos de suas instruções para o povo de Deus, especialmente para os filhos e novos crentes. Durante séculos a fio, a instrução de discipulado (catequese) tem se baseado em três coisas: o Credo Apostólico, o Pai Nosso, e os Dez Mandamentos. Se é seu desejo conhecer o be-a-bá da fé cristã, essas são as três coisas a serem aprendidas. E se você quer aprender a viver vida santa, você seguirá a lei de Deus resumida nos Dez Mandamentos.

É possível que você encare os Dez Mandamentos como um exercício doloroso de memorização para quem tem cinco anos de idade, mas as "Dez Palavras" (ou Decálogo) de Êxodo 20 são centrais à ética do Novo Testamento. Para Jesus tanto quanto para os apóstolos, os Dez Mandamentos se constituiam num resumo básico para as intenções éticas para todos, em todo lugar.[15] Quando o jovem rico perguntou a Jesus o que precisaria

---

15 Mesmo entre os cristãos que ratificam a importância dos Dez Mandamentos, há divergências sobre a duradoura importância do mandamento do Sabbath. Não é o foco deste livro entrar nessa discussão. Tudo que desejo salientar é que mesmo se uma observância literal do Sabbath tiver sido abolida, isso não significa que estejamos livres para desobedecer o 4º. Mandamento. O que isso significa, sim, é que o quarto mandamento foi transformado por Cristo. Por isso, agora nós observamos o mandamento do Sabbath, não por guardarmos o Sábado,

fazer para herdar a vida eterna, Jesus respondeu: "Sabes os mandamentos". E aí Jesus relacionou os mandamentos da chamada segunda tábua da lei (Mc 10.19) O único mandamento "horizontal" que ele não mencionou foi "não cobiçarás". E isso porque Jesus quis expor a ganância daquele jovem. Convenhamos, Jesus se utilizou da lei naquele momento mais por causa de seu poder de trazer convicção do que por qualquer outro motivo, mas ainda assim mostra o lugar dos Dez Mandamentos tido como resumo da vontade de Deus (conf. 1 Tm 1.8-11).

Encontramos a mesma coisa em Romanos 13.9, onde Paulo repete de memória quatro mandamentos e faz referência a "qualquer outro mandamento". O que é surpreendente é que no versículo 8 Paulo diz: "A ninguém fiqueis devendo coisa alguma, exceto o amor com que vois ameis uns aos outros; pois quem ama o próximo tem cumprido a lei". Aí ele vai para os Dez Mandamentos. Obedecer aos mandamentos é a maneira como cumprimos a lei do amor, e o amor está no cerne da santidade (v. 10). Se você se importa em relação ao amor, você amará obedecer os Dez Mandamentos.

A Santidade se Parece com Semelhança a Cristo

Se a santidade se parece com o restaurar da imagem de Deus em nós, nesse caso não deveria nos surpreender que a santidade também se parece com semelhança a Cristo, pois Jesus Cristo é a imagem do Deus invisível (Cl 1.15), é a expressão

---

mas por descansarmos em Cristo (sem obras) para a salvação (Hb 4.9-10). Veja Christopher John Donato, ed., *Perspectives on the Sabbath: Four Views* (Nashville: B&H Academic, 2011).

exata do seu ser (Hb 1.3). O objetivo completo da nossa salvação é que sejamos conformados à imagem do Filho de Deus (Rm 8.29).

Vemos em Jesus o melhor, mais prático e mais humano exemplo do que significa ser santo. Ele é o nosso modelo de amor (Jo 13.34), nosso modelo de humildade (Fl 2.5-8), nosso modelo para enfrentarmos a tentação (Hb 4.15), nosso modelo de firmeza em meio ao sofrimento (1 Pe 4.1-2), e nosso modelo de obediência ao Pai (Jo 6.38; 14.31). Vemos todas as virtudes da santidade perfeitamente alinhadas em Cristo. Ele sempre foi gentil, mas não frouxo. Foi ousado, mas jamais atrevido. Ele foi puro, mas jamais pudico. Foi cheio de misericórdia, mas jamais às custas da justiça. Foi cheio de verdade mas não às custas da graça. Em tudo ele foi submisso a seu Pai celeste, e deu tudo por suas ovelhas. Jamais desejou, jamais cobiçou, jamais mentiu. Em tudo que Jesus Cristo fez, durante toda sua vida e em especial quando ela caminhava para seu fim, ele amou a Deus com todo o seu ser e amou a seu próximo como a si mesmo.

Se em algum momento você não conseguir se lembrar dos Dez Mandamentos, ou não se lembrar do fruto do Espírito, ou não conseguir se lembrar dos atributos de Deus, você será capaz de se lembrar o que é santidade simplesmente ao lembrar-se do nome dele.

Capítulo Quatro
IMPETUOSIDADE PARA COM OS IMPERATIVOS

Muitas luas atrás, quando eu era um pouco mais esbelto, e os músculos de contração rápida se contraíam um pouco mais rapidamente, eu praticava atletismo e *cross-country*. Eu era tão bom ou tão ruim que tentei todas as modalidades do atletismo pelo menos uma vez. O que mais apreciava era corrida de longa distância. Hoje em dia, "longa-distância" significa correr trinta minutos sem parar e, no processo, não ter que recorrer ao meu aparelho de inalação. Mas quando cursava o nível médio e a faculdade, eu conseguia correr treze, dezesseis ou vinte quilômetros, enquanto conversava o tempo todo.

Um dos assuntos de nossas conversas, confesso, era como poderíamos "podar" a cota de exercício diário só um tiquinho. Eu pertencia à escola de atletismo Malaquias – "sem crise" o "podar" aqui e ali (Ml 1.6-8, 13). Eu me especializava em linhas retas através de estacionamentos arredondados. Alguns de meus colegas, entretanto, aderiram à teoria de atalhos de Martinho Lutero – "peque fortemente". Certa vez eles mutilaram uma longa corrida quase pela metade ao cruzarem alguns campos pantanosos. A princípio, parecia uma boa ideia: eliminar a parte central do roteiro, virando à esquerda numa plantação de aipo. Mas infelizmente, existem dois problemas em se correr através do lodo. Primeiro, ele adere às suas pernas, deixando óbvio o atalho escolhido. E, segundo, é quase impossível correr no lodo. Ao final, o atalho se provou um "encompridamento" e meus amigos nada tiveram a apresentar quanto a seu crime, exceto seus tênis imundos.

Vale para a vida, assim como vale para correr através de campos lodacentos, que a rota correta a ser seguida é sempre a melhor rota. Quando Deus nos dá mandamentos, ele tenciona nos ajudar a correr a carreira até o fim, e não diminuir nossa marcha. Em seu livro *Reflections on the Psalms (Reflexão nos Salmos)*, C. S. Lewis pondera em como seria possível alguém se "deleitar" na lei do Senhor. Respeitar, quem sabe. Consentir, talvez. Mas como é que alguém poderia enxergar a lei assim tão revigorante? E ainda assim, quanto mais pensou no assunto, tanto mais Lewis veio a compreender como o deleite do salmista fazia sentido. "O deleite deles na lei", Lewis observou, "era o deleite de haver tocado a firmeza; como o deleite de um pedestre ao sentir o asfalto debaixo de seus pés após um falso atalho que o enredou nos campos lamacentos".[1] A lei é boa

---

1 C. S. Lewis, *Reflections on the Psalms* (New York: Harcourt Brace Jovanovich, 1958), pág. 62.

porque a firmeza é boa. Deus se preocupa o suficiente conosco a ponto de nos mostrar seus caminhos e dirigir nosso caminhar. Como seria terrível habitar este planeta, ter-se uma vaga ideia de que existe um Deus, e ainda assim não conhecer o que ele deseja para nós. [2] Os estatutos divinos nos são um presente. Deus nos deu a lei porque nos ama.

O QUE RESTOU PARA A LEI?

De todas as espinhosas questões teológicas contidas na Bíblia, a mais difícil, na minha ótica, é o papel da lei na vida do cristão. Por um lado, o cristão não mais se encontra debaixo da lei, mas sob a graça (Rm 6.14; 7.6). A lei de Moisés foi apenas um tutor temporário, conduzindo-nos a Cristo (Gl 3.23-26). Por outro lado, sabemos que a lei é santa, justa e boa (Rm 7.12) e que Deus ainda espera que obedeçamos a sua lei "perfeita" e "régia" (Tg 1.25; 2.8). O mesmo Paulo que declara que não estamos "debaixo da lei"(1 Co 9.20), também se diz "debaixo da lei de Cristo" (v. 21). É frequente os cristãos falarem de três usos da lei. O primeiro é para nos conduzir a Cristo, trazendo-nos a convicção de pecado. O segundo é restringir a impiedade no mundo. E um terceiro uso é nos ajudar a aprender a natureza da vontade de Deus, agindo como uma espécie de planta para a santidade. Cristãos em geral concordam com os primeiros dois. A controvérsia surge quanto ao se o terceiro uso é legítimo, ou mesmo se é um dos propósitos primordiais da lei.

---

2 Esta frase vem de um amigo e pastor da PCA (Presbyterian Church in America – *Igreja Presbiteriana na América*), Pr. Janson Helopolous.

Sou pastor da University *Reformed* Church (Igreja Universitária *Reformada*), o que implica que eu defendo o terceiro uso da lei, ao enxergar como essa visão calvinista da lei é venerada em cada confissão e catecismo Reformado. Mas não há necessidade de se pertencer ao círculo de igrejas Reformadas confessionais para crer na importância da lei na vida do crente. Alguns cristãos pensam que a lei continua sendo a ferramenta de Deus para promover santidade. Outros cristãos acham que a lei não mais se aplica diretamente aos crentes do Novo Testamento. Os dois lados não estão tão distantes como aparenta ser. Os que reiteram a importância contínua da lei geralmente distinguem entre as partes da lei que se aplicam diretamente e as partes da lei que só podem ser aplicadas indiretamente. Habitualmente, isto tem significado que a lei moral (p. ex. os Dez Mandamentos) são diretamente normativos, mas os aspectos civil e jurídico da lei *apontam* para o que vale para todos os povos, em todas as épocas.[3] Por outro lado, os que argumentam que não estão obrigados a guardar a lei são geralmente rápidos para esclarecer que pensam que a lei ainda possui princípios morais universais verdadeiros.[4] Ambos os lados reconhecem que a lei foi dada num

---

3 Veja a Confissão de Westminster 19:2-4, que usa a frase "depravação generalizada" para descrever aquilo que chamo de "apontador". De forma semelhante, "o sistema cultual todo da Lei, se é considerado em si, nem contenha sombras e figuras a que corresponda a verdade, será cousa inteiramente risível" (*Institutas* 2.7.1).

4 Veja Thomas R. Schreiner, *40 Questions about Christians and Biblical Law* (Grand Rapids, MI: Kregel, 2010), pág. 99: "Em sentido estrito, o conceito de que crentes estão debaixo do terceiro uso da lei é equivocado, pois vimos que toda a lei [Mosaica] foi abolida para os crentes. Ainda

certo contexto, num momento específico da história redentora. E ambos os lados reconhecem que a lei ainda tem algo a dizer sobre como devemos viver como cristãos. [5]

Parte da confusão em tudo isto diz respeito ao fato de que "lei", na Bíblia, significa coisas distintas. Pode referir-se às Escrituras do Antigo Testamento, o Torá (i.e. os primeiros cinco livros da Bíblia), a Lei Mosaica, ou simplesmente o que Deus requer que o seu povo faça.[6] Portanto, enquanto estamos "debaixo da lei" no sentido que estamos condenados pela lei ou presos à Velha Aliança de Moisés) 2 Co 3.6; Hb 8.13), estamos "sob lei" na medida em que ainda estamos obrigados a obedecer nosso Senhor e toda expressão de sua vontade para nossa vida (1 Co 9.21). A lei de Deus é incapaz de salvar – isso é legalismo. Mas tudo na Bíblia existe para nossa edificação, de forma que sejamos habilitados para boas obras (2 Tm 3.16-17). Assim sendo, seja o que a Bíblia ensinar, devemos nisso crer. E o que quer que ordene – por preceito, exemplo, estória ou cântico – devemos praticar.[7]

---

assim, a concepção não está inteiramente errada, já que o ensino de Paulo está repleto de exortações que conclamam os crentes a viver de forma que agrade a Deus... Mesmo que a lei do Antigo Testamento não fosse literalmente vinculativa sobre os crentes, vemos princípios e padrões e normas morais que ainda se aplicam a nós hoje, já que o Antigo Testamento é a palavra de Deus". Veja também Douglas J. Moo, *The Espistle to the Romans* (Grand Rapids, MI: Eerdmans, 1996), págs. 415-416.

5 Veja, por exemplo, a réplica de Willem VanGemeren a Douglas Moo em *Five Views on Law and Gospel* (Grand Rapids, MI: Eerdmans, 1999), págs. 378-379.

6 Schreiner, *40 Questions*, págs. 19-23.

7 Veja John M. Frame, *The Doctrine of the Christian Life* (Phillipsburg, NJ: P&R, 2008), pág. 178. É claro que para compreendermos o que a Bíblia ordena para nós hoje, precisamos estar atentos ao fluir da história redentora, o contexto cultural, e a diferença entre descrição e prescrição.

A GRAÇA DA LEI

A última frase acima – que devemos fazer o que a Bíblia ordena que pratiquemos – é óbvia para a maioria dos cristãos. Mas desejo ir um passo adiante. Gostaria que você, sem qualquer vergonha, ame os [não tenha qualquer receio de aterrisar nos] imperativos das Escrituras. Conheço o risco relativo aos imperativos, ou seja, de acabarmos ficando com toda a lei e nenhum evangelho. Mas sejamos criteriosos. Não há nada sub-cristão em falarmos a respeito da obediência aos mandamentos de Deus. Não há nada inerentemente anti-evangelho em ser exortado pelos imperativos das Escrituras. Não há nada descortês nas exigências divinas. Aliás, é exatamente o contrário: há graça no receber a lei.

Geralmente pensamos na lei nos conduzindo ao evangelho. E isso é verdade – vemos os padrões de Deus, enxergamos o nosso pecado, aí contemplamos nossa necessidade de um Salvador. Mas é tão verdadeiro quanto o evangelho conduzir à lei. Em Êxodo, Deus primeiramente liberta seu povo do Egito, aí lhes dá os Dez Mandamentos. Em Romanos, Paulo expõe acerca da graça livre e soberana e acerca da obra expiatória de Cristo nos capítulos 1 a 11, e aí, nos capítulos 12-16, ele nos mostra como viver à luz dessas misericórdias. Em João 4, Cristo conta à mulher Samaritana acerca da água viva desembocando na vida eterna, e aí expõe o pecado dela e a instrui a adorar a Deus em espírito e em verdade. Não estou aqui sugerindo qualquer tipo de fórmula rígida de se evangelizar. Desejo simplesmente mostrar que as boas novas do evangelho conduzem às graciosas instruções de se obedecer a Deus.

A LEI DO AMOR E O AMOR DA LEI

Alguns cristãos cometem o erro de atiçar o amor contra a lei, como se ambos fossem mutuamente excludentes. Ou se tem uma religião de amor ou uma religião de lei. Mas tal equação é absolutamente anti-bíblica. Para princípio de conversa, "amar" é um mandamento da lei (Dt 6.5; Lv 19.18; Mt 22.36-40). Se ordenarmos as pessoas que amem, estamos criando lei para elas. Contrariamente, se dissermos a elas que a lei não faz diferença, então o amor também não faz, pois ele é o resumo da lei.

Além disso, considere a íntima ligação que Jesus faz entre amor e lei. Já vimos que para Jesus não há amor por ele desassociado do guardar da lei (Jo 14.15). Mas ele vai além. Jesus equaciona comunhão com Deus com o observar os mandamentos. Quando guardamos os mandamentos de Cristo, nós o amamos. E quando amamos a Cristo, o Pai nos ama. E quem quer que o Pai ame, Cristo a esse ama e se revela (Jo 14.21). Portanto, não existe o permanecer no amor de Cristo desassociado com o guardar dos mandamentos de Cristo (Jo 15.10). O que implica em não haver plenitude de alegria desassociada da busca por santidade (v. 11).

A lei de Deus é uma expressão de sua graça porque também é uma expressão de seu caráter. Os mandamentos nos mostram quem Deus é, o que ele preza, o que ele detesta, o que significa ser santo como Deus é santo. Odiar todas as regras equivale a odiar o próprio Deus, que foi quem ordenou as regras para refletir sua própria natureza. A lei é o plano de Deus para que seu povo santificado desfrute de comunhão com ele. É por isso que os Salmos estão repletos de declarações de deleite relativas aos mandamentos de Deus. Mesmo com o passar da aliança Mosaica, é certo que os Salmos nos dão exemplo. O homem feliz se deleita na lei do Senhor e medita nela dia e noite (Sl 1.2). Os preceitos e normas do Senhor são mais doces que o mel e devem ser mais desejados que o ouro (Sl 19.10). Sim, sabemos que a lei pode incitar o homem rumo ao pecado (Rm 7.7-11). Mas o povo de Deus se regozija nos seus estatutos e contempla maravilhas vindas da lei (Sl 119.18). Anela por ser firme no guardar de seus estatutos (v. 5). Aos olhos do crente, a lei ainda é verdadeira e boa; ela é nossa esperança, nosso consolo, e nosso cântico.

Não tenhamos receio de aterrizar na lei – jamais como meio de se merecer justificação, mas como a expressão adequada de havê-la recebido. Não é errado um sermão terminar com algo que devemos fazer. Não é inapropriado que nosso aconselhamento exorte mutuamente à obediência. Legalismo é um problema na igreja, tanto quanto é o antinomianismo. Dando-se o devido desconto, não ouço pessoas dizerem: "continuemos no pecado para que a graça seja mais abundante" (veja Rm 6.1). É a forma mais repugnante de antinomianismo. Mas, em termos absolutos, antinomianismo simplesmente quer dizer nada de lei, e alguns cristãos concedem pouquíssimo espaço à lei em sua busca por santidade. Certo erudito disse, falando de um pastor antinomiano da Inglaterra do século XVII: "Ele cria que a lei serviu o seu propósito de convencer os homens de sua necessidade de um Salvador; não obstante, ele concedeu pouco ou nenhum espaço a ela na vida do cristão, já que defendia a ideia de que 'livre graça é o professor das boas obras'". [8] Enfatizando, livre graça não é o problema. O problema reside em se pressupor que boas obras irão, inevitavelmente, fluir de nada além de uma ênfase diligente no evangelho. Muitos cristãos, incluindo-se pastores, não sabem o que fazer com os mandamentos e estão temerosos de falar abertamente acerca da obediência. O mundo pode pensar que somos homofóbicos, mas *nomophilia* (medo da lei), quem sabe, seja nosso maior problema.

A ironia é que, se tornarmos todo imperativo num mandamento, de forma a crermos no evangelho de forma mais robusta, transformamos o evangelho em mais uma coisa que precisamos acertar, e a fé se torna mais uma coisa em que precisamos melhorar. Se apenas conseguíssemos crer *de verdade*, a obediência aconteceria por si mesma. Não haveria necessidade de mandamentos ou empenho. Mas a Bíblia não raciocina dessa forma. Ela não tem problema com a palavra "portanto". Graça, graça, graça, *portanto*, pare de fazer isso, comece a fazer aquilo, e obedeça aos mandamentos de Deus. Boas obras deveriam sempre estar arraigadas na boa nova da morte e

---

8 Peter Toon, *The Emergence of Hyper-Calvinism in English Nonconformity 1689-1765* (Eugene, OR: Wipf & Stock, 1967) pág. 54. A frase é dita em relação a Tobias Crisp (1600-1643).

ressurreição de Cristo, mas penso que temos experimentado muito do "deixar-se levar" e não temos ensinado o suficiente que obediência à lei – a partir de um espírito disposto, conforme possibilitado pelo Espírito Santo – é a resposta apropriada para a livre graça.

Apesar do tanto que Lutero zombou do mau uso da lei, ele não rejeitou o papel positivo da lei na vida do crente. A Fórmula Luterana de Concórdia está absolutamente certa ao dizer: "Cremos, ensinamos e confessamos que a pregação da Lei deve ser instada com diligência, não apenas para o incrédulo e impenitente, mas também sobre os verdadeiros crentes, que são verdadeiramente convertidos, regenerados, e justificados pela fé" (Epítome 6.2). Os pregadores devem pregar a lei sem disso se envergonharem. Pais precisam insistir na obediência sem que isso gere vergonha. A lei pode, e deve, ser recomendada com insistência aos crentes – não para condenar, mas para corrigir e nos levar a sermos mais semelhantes a Cristo. Tanto os indicativos quanto os imperativos das Escrituras procedem de Deus, e são para nosso bem, além de terem sido dados pela graça.

O MEDICAMENTO PARA NOSSA MOTIVAÇÃO

Um dos motivos pelos quais penso que os cristãos se cansam de ouvir falar na lei é porque eles jamais ouvem *por que* deveriam obedecer à lei. Os imperativos nos atingem gerando grande fardo porque não nos é dada a motivação para obedecer aos mandamentos de Deus. Tudo se resume em "Deus disse, faça!" Ou, do lado oposto do espectro, alguns cristãos fazem parecer que a única legítima motivação para obediência é a gratidão: "Veja tudo que Cristo fez por você. Portanto, seja grato e permita que as boas obras fluam". Ambas são motivações legítimas para a santidade, mas não são as únicas.[9]

Jesus é o Grande Médico, e como todo bom médico ele prescreve receitas diferentes para doenças diferentes. O Evangelho é sempre o remédio para a culpa do pecado, mas quando se trata de vencer a presença do pecado, Jesus tem vários "tônicos" à sua disposição. Ele sabe que personalidades, pecados e situações variam. Portanto, o que pode ser uma boa motivação para a santidade em certa situação enfrentada por certa pessoa em um pecado específico pode não se constituir na melhor receita para outra pessoa em circunstâncias diferentes. Jesus tem muitos remédios para nossa motivação. Ele não é como o técnico de atletismo da escola que diz a todos que "coloquem gelo e tomem dois comprimidos de ibuprofeno". Ele não é um charlatão que sempre prescreve sangria. "Colesterol em alta? Tenho um depurador para isso. Bexiga hiperativa? Tenho outro depurador para isso. Gota? Alguns depuradores que irão resolver". A boa nova é que a Bíblia é um livro grande, diverso e sábio, e nele encontramos uma variedade de depuradores ou "tônicos" para encorajar a obediência aos mandamentos de Deus.[10]

---

9 Direi mais a respeito do tópico no capítulo 6, em particular, quando Deus usa o evangelho e suas promessas para nos capacitar na busca por santidade.

10 Por exemplo, o Catecismo de Heidelberg apresenta quatro razões para fazê-lo: para mostrarmos gratidão pelo que Deus fez, de forma que ele possa ser por nós louvado, de forma que obtenhamos segurança de nossa fé por meio dos frutos, e de forma que pelo nosso viver piedoso nosso próximo possa ser ganho para Cristo (Q/A 86). Semelhantemente, John Owen

A seguir encontram-se algumas formas da Bíblia nos motivar rumo à busca de santidade:

1. *Dever.* "De tudo o que se tem ouvido, a suma é: Teme a Deus e guarda os seus mandamentos; porque isto é o dever de todo homem"(Ec 12.13).
2. *Deus tudo sabe e tudo vê.* "Porque Deus há de trazer a juízo todas as obras, até as que estão escondidas, quer sejam boas, quer sejam más" (Ec 12.14).
3. É correto. "Filhos, obedecei a vossos pais no Senhor, pois isto é justo"(Ef 6.1).
4. É para o nosso bem. "Guarda e cumpre todas estas palavras que te ordeno, para que bem te suceda a ti e a teus filhos, depois de ti, para sempre, quando fizeres o que é bom e reto aos olhos do SENHOR, teu Deus" (Dt 12.28).
5. *O exemplo de Deus.* "Antes, sede uns para com os outros benignos, compassivos, perdoan-

---

cita várias bases do evangelho para nossa obediência: boas obras se fazem necessárias porque foi Deus que as designou; nossa santidade é um fim especial do amor de Deus, que visa redundar em glória para ele; nossa obediência confere honra e glória a Deus; confere-nos honra e paz, e nos torna úteis para Deus; traz benefício ao mundo, ao trazer convicção aos pecadores, convertendo outros, trazendo benefício à sociedade; testifica que fomos justificados e se trata de uma promessa de nossa adoção; é um meio de nossa gratidão (*Communion with the Triune God*, ed. Kelly M. Kapic e Justin Taylor [Wheaton, IL: Crossway, 2007], págs. 303-309). Francis Turretin relaciona cinco "principais estímulos à santificação", todos vindos da morte de Cristo: a vileza do pecado, o ódio de Deus pelo pecado, o indescritível amor de Cristo, o direito que Cristo tem sobre nós, e "para que estando mortos ao pecado possamos viver para a justiça" (*Institutes of Electic Theology*, trad. George Musgrave Giber, ed. James T. Dennison Jr., 3 vol. [Phillipsburg, NJ: P&R, 1994], 2:692).

do-vos uns aos outros, como também Deus, em Cristo, vos perdoou" (Ef 4.32).
6. *O exemplo de Cristo*. "e andai em amor, como também Cristo nos amou e se entregou a si mesmo por nós, como oferta e sacrifício a Deus, em aroma suave" (Ef 5.2).
7. *Segurança*. "Por isso, irmãos, procurai, com diligência cada vez maior, confirmar a vossa vocação e eleição; porquanto, procedendo assim, não tropeçareis em tempo algum" (2 Pe 1.10).
8. *Sermos Eficazes como Cristãos*. "Porque estas coisas, existindo em vós e em vós aumentando, fazem com que não sejais nem inativos, nem infrutuosos no pleno conhecimento de nosso Senhor Jesus Cristo" (2 Pe 1.8).
9. *A Volta de Cristo*. "Visto que todas essas coisas hão de ser assim desfeitas, deveis ser tais como os que vivem em santo procedimento e piedade, esperando e apressando a vinda do Dia de Deus, por causa do qual os céus, incendiados, serão desfeitos, e os elementos abrasados se derreterão (2 Pe 3.11-12).
10. *O mundo não é nosso lar*. "Amados, exorto-vos, como peregrinos e forasteiros que sois, a vos absterdes das paixões carnais, que fazem guerra contra a alma" (1 Pe 2.11).

11. *Ganhar nosso próximo.* "Mantendo exemplar o vosso procedimento no meio dos gentios, para que, naquilo que falam contra vós outros como de malfeitores, observando-vos em vossas boas obras, glorifiquem a Deus no dia da visitação" (1 Pe 2.12).
12. *Para elevar a nação.* "A justiça exalta as nações, mas o pecado é o opróbrio dos povos" (Pv 14.34).
13. *Para o bem público.* "Vós sois o sal da terra; ora, se o sal vier a ser insípido, como lhe restaurar o sabor? (Mt 5.13a).
14. *Para o bem de nossas orações.* "Maridos, vós, igualmente, vivei a vida comum do lar, com discernimento; e, tendo consideração para com a vossa mulher como parte mais frágil, tratai-a com dignidade, porque sois, juntamente, herdeiros da mesma graça de vida, para que não se interrompam as vossas orações" (1 Pe 3.7).
15. *A futilidade do pecado.* "Qual de vós, por ansioso que esteja, pode acrescentar um côvado ao curso da sua vida?" (Mt 6.27).
16. *A tolice do pecado.* "E todo aquele que ouve estas minhas palavras e não as pratica será comparado a um homem insensato que edificou a sua casa sobre a areia; e caiu a chuva, trans-

bordaram os rios, sopraram os ventos e deram com ímpeto contra aquela casa, e ela desabou, sendo grande a sua ruína" (Mt 7.26-27).
17. *A promessa de graça futura.* "Buscai, pois, em primeiro lugar, o seu reino e a sua justiça, e todas estas coisas vos serão acrescentadas"(Mt 6.33).
18. *A promessa de juízo futuro.* "Não vos vingueis a vós mesmos, amados, mas dai lugar à ira; porque está escrito: A mim me pertence a vingança; eu é que retribuirei, diz o Senhor" (Rm 12.19).
19. *O temor do juízo futuro.* "Porque, se vivermos deliberadamente em pecado, depois de termos recebido o pleno conhecimento da verdade, já não resta sacrifício pelos pecados; pelo contrário, certa expectação horrível de juízo e fogo vingador prestes a consumir os adversários"(Hb 10.26-27).
20. *A certeza de nossa herança.* "Porque não somente vos compadecestes dos encarcerados, como também aceitastes com alegria o espólio dos vossos bens, tendo ciência de possuirdes vós mesmos patrimônio superior e durável" (Hb 10.34).
21. *A comunhão dos santos.* "Portanto, também nós, visto que temos a rodear-nos tão grande

nuvem de testemunhas, desembaraçando-nos de todo peso e do pecado que tenazmente nos assedia, corramos, com perseverança, a carreira que nos está proposta" (Hb 12.1).

22. *O bom exemplo de outros.* "Lembrai-vos dos vossos guias, os quais vos pregaram a palavra de Deus; e, considerando atentamente o fim da sua vida, imitai a fé que tiveram" (Hb 13.7).

23. *O mau exemplo de outros.* "Ora, estas coisas se tornaram exemplos para nós, a fim de que não cobicemos as coisas más, como eles cobiçaram" (1 Co 10.6).

24. *Fomos criados para as boas obras.* "Pois somos feitura dele, criados em Cristo Jesus para boas obras, as quais Deus de antemão preparou para que andássemos nelas" (Ef 2.10).

25. *Deus é o Senhor e nós os servos.* "Assim também vós, depois de haverdes feito quanto vos foi ordenado, dizei: Somos servos inúteis, porque fizemos apenas o que devíamos fazer" (Lc 17.10).

26. *O temor do Senhor.* "E assim, conhecendo o temor do Senhor, persuadimos os homens..." (2 Co 5.11a).

27. *O amor do Senhor.* "Amados, se Deus de tal maneira nos amou, devemos nós também amar uns aos outros" (1 Jo 4.11).

28. *Para tornar Deus manifesto.* "Ninguém jamais viu a Deus; se amarmos uns aos outros, Deus permanece em nós, e o seu amor é, em nós, aperfeiçoado" (1 Jo 4.12).
29. *Em gratidão pela graça.* "Rogo-vos, pois, irmãos, pelas misericórdias de Deus, que apresenteis o vosso corpo por sacrifício vivo, santo e agradável a Deus, que é o vosso culto racional" (Rm 12.1).
30. *Para a glória de Deus.* "caso, não sabeis que o vosso corpo é santuário do Espírito Santo, que está em vós, o qual tendes da parte de Deus, e que não sois de vós mesmos? Porque fostes comprados por preço. Agora, pois, glorificai a Deus no vosso corpo" (1 Co 6.19-20).
31. *O caráter de Deus.* "Eu sou o SENHOR, vosso Deus; portanto, vós vos consagrareis e sereis santos, porque eu sou santo; e não vos contaminareis por nenhum enxame de criaturas que se arrastam sobre a terra" (Lv 11.44a).
32. *O operar de Deus.* "Eu sou o SENHOR, teu Deus, que te tirei da terra do Egito, da casa da servidão. Não terás outros deuses diante de mim" (Ex 20.2-3).
33. *Agradar a Deus.* "Não negligencieis, igualmente, a prática do bem e a mútua cooperação; pois, com tais sacrifícios, Deus se compraz" (Hb 13.16).

34. *Para evitar as ciladas do diabo.* "Irai-vos e não pequeis; não se ponha o sol sobre a vossa ira, nem deis lugar ao diabo" (Ef 4.26-27).
35. *Visando galardão eterno.* "que pratiquem o bem, sejam ricos de boas obras, generosos em dar e prontos a repartir; que acumulem para si mesmos tesouros, sólido fundamento para o futuro, a fim de se apoderarem da verdadeira vida" (1 Tm 6.18-19).
37. *Por amor a Cristo.* "Se me amais, guardareis os meus mandamentos" (Jo 14.15).
38. *Plenitude de alegria.* "Se guardardes os meus mandamentos, permanecereis no meu amor; assim como também eu tenho guardado os mandamentos de meu Pai e no seu amor permaneço. Tenho-vos dito estas coisas para que o meu gozo esteja em vós, e o vosso gozo seja completo" (Jo 15.10-11).
39. *Para experimentar o favor de Deus.* "O homem de bem alcança o favor do SENHOR, mas ao homem de perversos desígnios, ele o condena" (Pv 12.2).
40. *Nossa união com Cristo.* "Porque, se fomos unidos com ele na semelhança da sua morte, certamente, o seremos também na semelhança da sua ressurreição, sabendo isto: que foi crucificado com ele o nosso velho homem, para

que o corpo do pecado seja destruído, e não sirvamos o pecado como escravos" (Rm 6.5-6).

Por mais exaustiva que essa lista possa ser, poderia certamente ser duplicada ou triplicada em tamanho. Deus não ordena nossa obediência "porque sim, uai!", ele nos fornece dezenas de motivos específicos para sermos santos. Deus consegue receitar muitos tônicos para a nossa motivação. Se você luta com pornografia, ele talvez lhe relembre de sua identidade com Cristo ou lhe admoeste que os sexualmente imorais não herdarão o reino de Deus. Se você luta com orgulho, Deus, quem sabe, possa assegurá-lo que concede graça aos humildes, ou relembrá-lo de que você segue um Messias crucificado. Ele talvez destaque sua adoção, justificação, reconciliação ou união com Cristo. Deus é capaz de provocar seu amor e boas obras com advertências e promessas, ou sua própria glória. Você provavelmente poderia descobrir uma centena de motivos porque ser santo. E quanto mais cedo explorarmos e aplicarmos esses motivos, melhores aparelhados seremos para lutar contra o pecado, tanto mais desejosos de fazer todo esforço possível para sermos mais parecidos com Cristo, e mais prontos a dizer, junto com o apóstolo João: "os seus mandamentos não são penosos"(1 Jo 5.3).

Capítulo Cinco
O PRAZER DE DEUS E A POSSIBILIDADE DE PIEDADE

Uma das maiores alegrias que tenho no ministério é servir ao lado de meus colegas presbíteros. Os líderes com quem tenho o privilégio de trabalhar são excelentes exemplos de graça e maturidade piedosa. Mesmo quando temos coisa difícil a tratar na agenda (o que é frequente), eu sempre aguardo com expectativa nossas reuniões. O trabalho é bom, as tratativas são estimulantes, a comunhão é adocicada.

E ainda temos doces e salgados!

Uma vez que tais homens são piedosos, eles são humildes. Tal humildade se mostra, inevitavelmente, quando falamos das qualificações para liderança espiritual em 1 Timóteo 3 e Tito 1. É frequente os presbíteros, ou aqueles em treinamento para serem presbíteros, se sentirem inadequados quando comparados aos padrões do Novo Testamento. Os requisitos parecem boas metas a alcançar, mas por outro lado, ideais elevados que jamais alcançaremos.

Quando tais objeções surgem, procuro dizer aos homens que eu "mais ou menos" concordo com eles, só que não. É correto que admitamos: "nem sempre sou amável. Eu já fui não moderado. Não sou tão hospitaleiro quanto gostaria de ser. Não sinto que sempre governo bem minha própria família". Ninguém é perfeito. Nesse sentido, portanto, nenhum de nós consegue viver aquilo que a Bíblia retrata como santidade – nem os presbitérios, nem o pastor, nem John MacArthur, nem Billy Graham. Mas por que é que achamos que as qualificações para liderança espiritual requerem perfeição absoluta? Certamente Paulo forneceu tais instruções porque entendeu que alguns homens seriam vistos como quem preencheria os requisitos. Ele não estava sugerindo uns messias sem pecado, mas esperava que alguns homens seriam exemplos das qualidades ali delineadas.

Imagino que todos conheçamos pessoas que achamos nos rotulariam de "santos" mesmo que nós não ousemos nos conferir tal rótulo. Em certo sentido, trata-se de humildade admirável. Nunca é bom sinal encontrar alguém ávido por regalar-nos com histórias de sua eminente santidade. Mas esse tipo de cautela pode facilmente nos conduzir à conclusão nada bíblica de que a santidade é algo, na verdade, impossível – que não temos como guardar a lei no sentido que for. Uma coisa é sermos humildes quanto à nossa piedade. Outra é achar que a piedade é impossível. A verdade é que o povo de Deus *pode* ser reto – não perfeitamente, mas verdadeiramente, e de uma forma que agrada genuinamente a Deus.

UMA PANQUECA CENTRADA NO EVANGELHO

Com a melhor das intenções, temos a tendência de achatar a visão bíblica de santidade até que conseguimos arrancar dela a natureza dinâmica de vida com Deus. Numa tentativa de confessar francamente nossa própria pecaminosidade residente, e destacar o evangelho da livre graça, nós removemos qualquer noção de que podemos obedecer a Deus e que ele pode se deleitar nas nossas boas obras. Por isso, acabamos crendo algo mais ou menos assim:

> Sou um fracasso espiritual, mas, louvado seja Deus, Jesus veio para salvar fracassos espirituais como eu! Não consigo obedecer aos mandamentos de Deus por um nano segundo sequer. Eu jamais amo a Deus de todo meu coração ou o meu próximo como a mim mesmo. Mesmo os meus feitos de justiça não passam de trapos de imundícia. Se você pudesse contemplar meu coração, veria que meus pecados são tão graves quanto os de qualquer outra pessoa, ou piores! Eu sou reiteradamente um estraga-tudo, infiel ao meu Deus fiel. Mas a boa nova é que Deus me salvou por causa da morte e da ressurreição de Cristo. Ele me adotou como filho, perdoado e limpo.

Nada que eu puder fazer fará com que Deus me ame mais – ou menos – do que ele já me ama em Cristo. Embora eu continue pecando, jamais conseguirei desapontar meu Pai celestial, pois ao me contemplar ele enxerga a justiça de seu Filho amado. Que boas novas indescritíveis!

"E o que há de errado com isso?", você talvez pergunte com incredulidade. Bom, como uma declaração genérica sobre confissão de pecado e apego à justiça de Cristo, está absolutamente correta e é simplesmente linda. Se ouvisse um parágrafo assim, minha primeira reação seria de louvar a Deus por tão poderoso lembrete da graça do evangelho. Mas se me fosse pedido que investigasse mais fundo, eu advertiria que essa afirmação não é muito cautelosa. E onde nossa teologia não é cautelosa, nossa vida cristã é invariavelmente influenciada de forma adversa. Nesse caso específico, a confusão teológica pode gerar um "curto" em nossa busca apaixonada por santidade pessoal.

IMAGINE AS POSSIBILIDADES

Se devemos ser apaixonados em nossa busca por santidade pessoal, a primeira coisa que precisamos estabelecer é que santidade é algo possível. Soa humilde dizer: "Não consigo obedecer aos mandamentos de Deus por um nano segundo sequer", mas isso não é verdade. Agir como se santidade estivesse fora do alcance de cristãos comuns não faz justiça a Zacarias e Isabel, que "eram [ambos] justos aos olhos de Deus, obedecendo de modo irrepreensível a todos os mandamentos e preceitos do Senhor"(Lucas 1.6). Não leva a sério o elogio de Deus a Jó como sendo "irrepreensível, íntegro, homem que teme a Deus e evita o mal"(Jó 1.8). E também temos Paulo, que frequentemente enaltece suas igrejas e companheiros de ministério pela obediência e pelo exemplo de piedade. Sem dúvida, parece que a santidade é uma possibilidade para o povo de Deus.

De forma semelhante, Jesus ensinou que a pessoa sábia ouve as palavras dele e as pratica (Mt 7.24). Tiago diz a mesma coisa (Tg 2.22-25). Não temos qualquer dica de que praticar a Palavra de Deus é algo que reside apenas no nível hipotético. Bem ao contrário, somos ordenados a fazer discípulos de todas as nações para que estes possam *obedecer* tudo que Jesus ordenou (Mt 28.19-20).

Deus espera que o crente traga as marcas de virtudes como o amor, a alegria e a paz (Gl 5.22-23), em lugar de ser conhecido pela imoralidade sexual, idolatria, roubo e avareza (1 Co 6.9-11). O crente não deveria mais ser presa da rebeldia habitual (1 João 3.4). "Nisto são manifestos os filhos de Deus e os filhos do diabo: todo aquele que não pratica justiça não procede de Deus, nem aquele que não ama a seu irmão" (1 João 3.10). Deus espera que sejamos santos e nos confere graça para sermos santos. Afinal, ele nos criou para as boas obras (Ef 2.10), e efetua em nós tanto o querer quanto o realizar, de acordo com a boa vontade dele (Fl 2.13). O cristão *pode, sim,* ser rico em boas obras (1 Tm 6.18; At 9.36). *Podemos, sim,* caminhar de forma digna de nossa vocação (Ef 4.1). *Podemos, sim,* sermos treinados para viver de forma santa e agradável a Deus (Rm 12.1-2).

UMA PERFEITA TEMPESTADE

Se a possibilidade de santidade é tão clara na Bíblia, porque achamos tão difícil crer nisso? Isso, em grande probabilidade, se deve ao fato de equacionarmos santidade com perfeição. Se andar de forma digna significa nunca perder a paciência, nunca cobiçar, nunca ser preguiçoso, e nunca fazer qualquer coisa boa com motivação dividida, bem, aí santidade será, sim, impossível. Da mesma forma, se santidade que agrada a Deus significa estar absolutamente repleto de todas as virtudes, sem margem para crescimento, estarei perdendo o meu tempo no simples tentar ser santo. Esperar perfeição de nós mesmos ou dos outros nada tem a ver com santidade.

Você sente como se o dia não tivesse horas suficientes para você obedecer a Deus? Eu invariavelmente me sinto assim. Eu não tenho problema com os mandamentos do tipo "não". Para mim, soam razoáveis. Eu não preciso alocar tempo no meu dia para *não* matar alguém. Mas eu fico obcecado em tudo que é necessário para que eu seja um tremendo pai, um super marido, um fabuloso guerreiro de oração, um espetacular evangelista e um dedicado ativista social. Sempre sinto que poderia orar mais; poderia evangelizar mais, poderia partilhar os meus recursos de forma mais liberal. Mas Deus não espera que sejamos os melhores em tudo para nos vermos livres da culpa paralizadora. Conforme vimos no capítulo 2, é nosso caráter de semelhantes a Cristo que conta.

"Soa bonito", talvez você diga, "mas você já deu uma olhada no meu caráter? Ele tem algumas espinhas". Sei bem o que é isso. Nunca tive um dia na vida que me senti bondoso o suficiente, alegre o suficiente ou amável o suficiente. E se chegar a ter um dia em que sinta que cumpri tudo da frase anterior, isso provavelmente será um bom sinal de que estou extremamente distante da santidade... ou que já estou no céu.

Fato é que Deus não espera que nossas boas obras sejam perfeitas para que sejam boas. Se tudo que Deus esperasse de seus filhos fosse obediência perfeita, a Bíblia nada teria a dizer sobre Jó, Davi ou Isabel, ou sobre qualquer outra pessoa que não Jesus. Gosto do que a Confissão de Fé de Westminster diz acerca de boas obras. Por um lado, a santificação será sempre imperfeita nesta vida. Sempre haverá resquícios de corrupção em nós. Mas pelo poder do Espírito santificador de Cristo, o verdadeiro crente haverá de genuinamente crescer em graça. Nossas boas obras são aceitas por Deus, não como se fossem "perfeitamente intocáveis e incensuráveis à vista de Deus", mas porque Deus se agrada através de Cristo a aceitar nossa sincera obediência, embora contenha muitas fraquezas e imperfeições.[1] Deus não apenas opera a obediência em nós por meio de sua graça, mas é também através de sua graça que nossa obediência imperfeita é aceita a seus olhos. E até mesmo o menor ato de obediência é um evento que merece celebração. Quem sabe sejamos tardios em enxergar qualquer bem em nós porque não compreendemos quão ruins nós fomos. Sua pequenina vida espiritual pode parecer menos insignificante quando você leva em conta que ela

---

[1] Estes pontos destas três últimas frases correspondem à Confissão de Fé de Westminster, 23.3 e 26.6, respectivamente.

brota de um coração que costumava estar espiritualmente morto. O fato de hoje termos qualquer disposição de permanecer na lei e de até cumpri-la, é um milagre da graça de Deus.

TRAPOS IMUNDOS OU [ALGO] COMPLETAMENTE AGRADÁVEL?

Muitos são os cristãos que creem que todos os seus atos justos não passam de trapos imundos. Afinal, é o que Isaías 64.6 parece dizer: até mesmo nossos melhores feitos são imundos e destituídos de valor. Mas não penso ser isso que Isaías quis dizer. Os "atos de justiça" que Isaías tinha em mente eram, muito provavelmente, os rituais superficiais oferecidos por Israel, desprovidos de uma fé e de uma obediência sinceras. Em Isaías 65.1-7, o Senhor rejeita os sacrifícios pecaminosos de Israel. Eles são um insulto ao Senhor, fumaça para seu nariz, assim como a "obediência" ritualista de Isaías 58 não impressionou ao Senhor porque seu povo continuava oprimindo o pobre. Os "atos de justiça" eram "trapos imundos" porque não eram nem um pouco justos. Tinham aparência boa, mas não passavam de farsa, literalmente uma cortina de fumaça para acobertar a incredulidade e a desobediência deles.

Por isso, não deveríamos pensar que todo "ato de justiça" nosso é como trapos imundos aos olhos de Deus. Aliás, no versículo anterior, Isaías 64.5, Isaías declara: "Vens ajudar aqueles que *praticam a justiça* com alegria, que se lembram de ti e dos teus caminhos". Não é impossível o povo de Deus praticar atos de justiça que agradam a Deus. John Piper explica:

"Às vezes as pessoas são descuidadas e falam de forma negligente sobre toda a justiça humana, como se não houvesse nada que agradasse a Deus. Muitas vezes elas citam Isaías 64.6 que diz que nossa justiça é como 'trapo de imundícia'. É verdadeiro – gloriosamente verdadeiro – que ninguém do povo de Deus, antes ou depois da cruz, seria aceito pelo Deus imaculadamente santo se a justiça perfeita de Cristo não nos fosse imputada (Romanos 5.19; 1 Coríntios 1.30; 2 Coríntios 5.21). Mas isso não quer dizer que Deus não produza nessas pessoas 'justificadas'(antes e depois da cruz) uma justiça experiencial que *não* é 'trapo de imundícia'. Ao contrário, ele o faz; e essa justiça é preciosa a Deus e é exigida, não como *fundamento* da justificação (que é a justiça de Cristo somente) mas como *evidência* de sermos filhos verdadeiramente justificados de Deus".[2]

É perigoso ignorar-se a suposição, e expectativa, da Bíblia, de que a justiça é possível. É claro que nossa justiça jamais é capaz de aplacar a ira de Deus. Precisamos da justiça imputada de Cristo para isso. Tem mais: não temos como produzir justiça em nossa própria força. Mas como crentes nascidos de novo, é possível agradarmos a Deus por meio de sua graça. Os

---
2 John Piper, *Graça Futura* (São Paulo, SP: Shedd Publicações, 2009), pág. 148

que geram fruto em cada boa obra e crescem no conhecimento de Deus são totalmente agradáveis a Deus (Cl 1.10). Apresentar nosso corpo como sacrifício vivo agrada a Deus (Rm 12.1). Cuidarmos de nosso irmão mais fraco agrada a Deus (Rm 14.18). Obedecer nossos pais agrada a Deus (Cl 3.20). Ensinar a Palavra de forma autêntica agrada a Deus (1 Ts 2.4). Orar por autoridades de governo agrada a Deus (1 Tm 2.1-3). Sustentar familiares em necessidade agrada a Deus (1 Tm 5.4). Partilhar recursos financeiros com outros agrada a Deus (Hb 13.16). Agrada a Deus quando guardamos os seus mandamentos (1 João 3.22). Em linhas gerais, sempre que você confia em Deus e o obedece, ele se agrada disso.[3]

Pensamos ser marca de sensibilidade espiritual considerar tudo que fazemos como moralmente suspeito. Mas essa não é a forma da Bíblia pensar acerca da justiça. Ainda mais importante, tal tipo de resignação não retrata a verdade acerca de Deus. A. W. Tozer está correto:

Um mundo de infelicidade sobrevém a bons cristãos até mesmo hoje, a partir de um falso entendimento de quem Deus é. Pensa-se na vida cristã como algo lúgubre, um carregar de cruz cuja monotonia não sofre solução de continuidade, sob os olhos de um Pai rígido que espera muito e nada desculpa. Ele é austero, rabugento, tremendamente temperamental e extremamente difícil de agradar.[4]

---

3 Veja Wayne Grudem, "Pleasing God by Our Obedience", em *For the Fame of God's Name: Essays in Honor of John Piper*, ed. Sam Storms and Justin Taykir (Wheaton, IL: Crossway, 2010), pág. 277.
4 A. W. Tozer, *The Best of A. W. Tozer, Volume 1* (Grand Rapids, MI: Baker, 1978), pág. 121.

Mas esta não é a forma de se enxergar o Deus da Bíblia. Nosso Deus não é um capataz caprichoso. Não é hipersensível nem inclinado a ataques de raiva por causa da menor ofensa. Ele é tardio em irar-se e cheio de amor (Ex 34.6). "Ele não é difícil de agradar", relembra-nos Tozer, "embora possa ser difícil de satisfazer". [5]

Por que é que imaginamos um Deus tão indiferente diante de nossas sinceras tentativas de obedecer? Ele é, afinal de contas nosso *Pai* celeste. Que pai seria capaz de olhar para o cartão de aniversário feito pela filha e reclamar porque não gostou das cores? Que mãe haveria de dizer ao filho, depois deste limpar a garagem, mas colocar as latas de tinta nas prateleiras errada: "Isso tudo nada vale aos meus olhos"? Que tipo de pai ou mãe reage com impaciência diante do primeiro tombo do filho ao aprender a andar de bicicleta? Não há justiça que nos torne retos diante de Deus exceto pela justiça de Cristo. Mas para os que foram feitos retos diante de Deus exclusivamente pela graça mediante a fé, tendo, portanto, sido adotados na família de Deus, muitos de nossos atos de justiça não só *não* são imundos aos olhos de Deus, eles são doces, preciosos e agradáveis a ele.

O PERIGO DA EQUIVALÊNCIA MORAL

Há dois outros tipos de confusão acerca de santificação que precisamos esclarecer neste capítulo. A primeira é a noção equivocada de que todo pecado é igual aos olhos de Deus. Tal sentimento é bastante comum para muitos cristãos. Para uns,

---
5 Ibid.

é sinal de verdadeira humildade – "Eu também sou merecedor da ira de Deus. Será que posso julgar seus erros?". Para outros, é uma forma de se esquivar dos ataques que vêm quando ousamos falar contra certos outros pecados – "Sim, eu penso que a homossexualidade é coisa errada, mas não é pior que qualquer outro pecado". E ainda para outros, trata-se de uma forma suavizada de relativismo – "Veja bem! Quem tem telhado de vidro não deveria atirar pedras nos outros".

Conforme muitos ditados populares, este acerca de todos os pecados serem iguais diante de Deus não está totalmente errado. Todo pecado é um violar da santa lei de Deus. E qualquer um que tropeça em apenas um ponto da lei é culpado de quebrá-la inteiramente (Tiago 2.10). E, pecados cometidos contra um Deus infinito merecem ser punidos. Todos nascemos pecadores. Todos pecamos. Todo pecado merece a morte. É por isso que esse truísmo é meia-verdade.

Mas também é bastante não verdadeiro. Conforme expressa R. C. Sproul, "A ideia de uma gradação de pecado é importante para termos em mente, de forma a compreendermos a diferença entre *pecado* e *pecado grosseiro*". [6] Todos os nossos pecados são ofensivos a Deus e requerem perdão. Mas reiteradas vezes a Bíblia ensina que alguns pecados são piores que outros.

- Deus aguardou quatrocentos anos antes de dar aos Israelitas a Terra Prometida, porque a ini-

---
6 Sproul, *A Santidade de Deus*, (ênfase do autor).

quidade dos amorreus ainda não havia atingido a medida completa (Gn 15.16). Sempre foram pecadores, mas chegou um ponto que seus pecados mereceram punição drástica.
- A legislação Mosaica prescreve penas diferentes para infrações diferentes, e requer sacrifícios diferentes e pagamentos para haver restituição.
- Números 15 reconhece a diferença entre pecados não intencionais e os cometidos "com atitude desafiadora" (Números 15.29-30). Soltar um palavrão quando atingimos o dedão com o martelo não é tão perverso quanto dirigir a Deus um sinal obsceno (embora nenhum dos dois seja algo recomendável).
- Alguns pecados da história de Israel foram mais notórios que outros. A julgar pela reação de Deus, sacrificar os filhos a Moloque era, em grande probabilidade, pior que perder a paciência com os filhos (Jr 32.35).
- Jesus infere que alguns serão julgados com maior rigor no dia do juízo porque tiveram mais motivos para crer (Mt 10.15). Seremos julgados de acordo com a luz que temos.
- Embora não salvo por suas boas obras, Cornélio, não obstante, foi "piedoso e temente a Deus" (Atos 10.2). Mesmo entre os não cristãos

existe diferença entre ser um ser humano decente e ser um canalha sujo e corrompido.

O problema é o seguinte: quando todo pecado é visto como igual, somos menos propensos a lutar contra qualquer pecado. Por que eu deveria parar de dormir com minha namorada se meu coração haverá de continuar cheio de cobiça? Porque buscar a santidade quando apenas um único pecado me torna um Osama bin Hitler aos olhos de Deus? Repito: soa humilde agir como se nenhum pecado fosse pior que o outro, mas perdemos o ímpeto do batalhar contra, perdemos a capacidade de nos vermos mutuamente responsáveis quando tropeçamos no ambiente escorregadio de equivalentes morais. De repente um presbítero que luta contra a tentação de dar uma segunda olhada nas páginas picantes de catálogos de lingerie não deveria ousar disciplinar o jovem que fornicou "sem estar nem aí". Quando perdemos a capacidade de enxergar as diferentes gradações entre pecados e pecadores e nações pecaminosas, não nos saímos bem em respeitar nossa própria maldade; nós barateamos a bondade de Deus. Se o sistema judiciário não trata todos os delitos de forma uniforme, com certeza Deus sabe que alguns pecados são mais hediondos que outros. Se soubermos detectar a diferença, estaremos especialmente determinados a mortificar os pecados que são mais ofensivos a Deus.

FILHOS, NÃO BASTARDOS

A segunda confusão que carece de esclarecimento é se crentes nascidos de novo – perdoados, justificados, adotados

– conseguem desagradar a Deus. A lógica soa correta: "Estou vestido com a justiça de Cristo. Nada pode me separar do amor de Deus. Por isso, faça eu o que fizer, Deus me enxerga como filho puro, imaculado". É fato que já não resta condenação para os que estão em Cristo (Rm 8.1), mas isso não significa que Deus haverá de aprovar todos os nossos pensamentos, cada comportamento nosso. Embora em Cristo ele deixe passar nossos pecados no sentido forense, ele não está cego para os mesmos. [7]

As Escrituras são claras em mostrar que Deus fica descontente como seu povo peca. Podemos "entristecer" o Espírito Santo de Deus (Ef 4.30). Embora Deus seja sempre por nós em Cristo (Rm 8.31-34), Cristo ainda assim pode ter coisas contra nós (Ap 2.4). O fato de Deus disciplinar seus filhos (Hb 12.7) significa que por vezes ele está descontente com eles. Mas existe o outro lado da moeda. O fato de Deus disciplinar seus filhos significa que ele nos ama o suficiente para nos corrigir. Se Deus jamais reparasse no nosso pecado, ele não haveria de nos disciplinar. E se ele nos deixasse sem disciplina, seríamos bastardos e não filhos verdadeiros (v. 8). Amor não implica em aprovação incondicional. Amor requer a implacável busca do que é bom para nós. E nosso bem é sempre o crescer em santidade. "Repreendo e disciplino",

---

7 Veja, por exemplo, *A Blow at the Root of Antinomianism* (1691), de John Flavel. Flavel relaciona dez erros cometidos pelos homens que eram contra a lei, em seus dias. Eles incluem: "Que Deus não enxerga pecado nos crentes, independentemente do pecado que cometerem"(Erro 5); "Que Deus não está furioso com o eleito, nem os golpeia por seus pecados"(Erro 6); e "Que os crentes não precisam temer nem pelos seus pecados, nem os dos outros"(Erro 8). Descoberto on-line em http://www.truecovenanter.com/gospel/flavel_blow_a_the_root.html (acessado em 11 de julho de 2011).

disse Jesus à igreja em Laodicéia, "aqueles a quem amo. Por isso, seja diligente e arrependa-se" (Ap 3.19).

Quem sabe a seguinte distinção teológica possa ajudar. Pela fé somos juntados a Cristo e desfrutamos de união com ele. Tal elo é inviolável. Nossa união com Cristo é fato estabelecido, garantido por toda eternidade pelo habitar do Espírito. Quando pecamos, nossa *união* com Cristo não corre risco. Mas nossa *comunhão* sim. É possível aos crentes desfrutarem de maior ou menor favor de Deus. É possível desfrutarmos de doce comunhão com Deus, e é possível experimentarmos seu "franzir de sombrancelhas" – não uma carranca de juízo, mais um *franzir de sombrancelhas* "a nosso favor", que nos esporeia rumo ao amor e às boas obras (Hb 10.24).[8] Gosto muito da frase de Calvino que diz que Deus, enquanto não cessando de amar seus filhos, ainda pode estar "maravilhosamente furioso" com eles. Deus jamais nos odiará, mas ele pode nos amedrontar misericordiosamente com sua ira, de forma que possamos "nos desvencilhar de nossa preguiça".[9] Deus nos disciplina para nosso bem, para que partilhemos de sua santidade (Hb 12.10). Conforme a Confissão de Fé de Westminster expressa, os completa e irrevogavelmente justificados "poderão, contudo, em decorrência de seus pecados, cair no desprazer paternal de Deus e privar-se da luz de seu rosto, até que se humilhem, confessem seus pecados, supliquem o perdão e renovem sua fé e seu arrependimento". (Confissão de Fé de Westminster 11.5).

---

8 Veja Grudem, "Pleasing God", págs. 283-292.
9 *Institutas* 3.2.12.

Uma das principais motivações para nossa obediência é o prazer de Deus. Se nós, num bom intencionado esforço de celebrarmos inatacável natureza de nossa justificação, acabarmos passando a ideia de que Deus não mais se preocupa com nossos pecados, acabaremos "afogando" nosso motor em nosso acelerar intenso rumo à santidade. Deus é nosso Pai celeste. Ele nos adotou por sua graça. Ele sempre amará seus verdadeiros filhos. Mas se somos seus filhos verdadeiros, também teremos paixão por agradá-lo. Será para nós um deleite nos deleitarmos nele e saber que ele se deleita em nós.

SENTINDO-OS LIMPOS

Quem sabe você tenha começado a leitura deste capítulo encorajado de que a santidade é, na prática, possível. E quem sabe tenha sido um alívio bastante bem vindo aprender que muitos de nossos atos de justiça não são, na realidade, nem um pouco imundos. Mas quem sabe agora você está de volta ao "modo Bisonho"[10], preocupado que toda sua vida de justificado será uma decepção para Deus (e que você nunca encontrará sua cauda). Não é meu desejo deixá-lo desanimado – convicto, quem sabe, mas não desesperançado. Sim, podemos entristecer o Espírito (Ef 4.30), mas o estado normal do cristão deve

---

10 NT. Personagem da turma do Ursinho Puff, também conhecido como Ió ou Igor - "Bisonho é um burro cinzento... Por algum motivo ele não tem uma cauda de verdade, em troca usa uma falsa presa por um prego e com um laço rosa na ponta. É conhecido por ser muito pessimista e resmungão. Ele quase nunca fica contente nem entusiasmado com nada e quando acontece algo bom costuma dizer surpreso algo como: *incrível, nunca achei que fosse dar certo*. Também costuma dizer coisas um tanto filosóficas como: *fim da linha... nada a fazer... sem esperança das coisas melhorarem... parece até sábado a noite, lá em casa*". Fonte: Wikipédia.

ser o de benção e do desfrutar do favor de Deus (que, por sinal, não é equivalente a saúde, riqueza e prosperidade).

Utilizo muitas citações dos Puritanos neste livro porque os vejo como impactantes exemplos de busca de santidade. Por outro lado, tenho de admitir que o Puritanismo, em seu aspecto mais negativo, poderia ser demasiadamente introspectivo e desnecessariamente penoso para a consciência. Se procurarmos o suficiente, encontraremos ídolos do coração buscando nos emboscar em cada boa ação praticada. Alguns cristãos têm a tendência de empreenderem safáris à busca de ídolos do coração, e não se sentem bem enquanto não se sentem mal em relação à alguma coisa. É por isso que, de vez em quando, digo à minha congregação: "Não há porque saírem daqui convictos de pecado a cada sermão. Alguns de vocês são, de fato, obedientes e fiéis na área que está sendo enfocada". Não perfeitamente, é claro, mas verdadeira e sinceramente.

Ao final de 2 Coríntios, Paulo desafia seus leitores: "Examinem-se para ver se vocês estão na fé" (2 Co 13.5). Alguns de nós olhamos para essa frase como uma dura advertência para que averiguemos se realmente somos crentes de verdade. E, não restam dúvidas, alguns bem que precisam desse puxão de orelha. Mas veja o que Paulo diz a seguir nesse mesmo versículo: "Não percebem que Cristo Jesus está em vocês?" Entenda que o que ocorria era que os chamados superapóstolos estavam açoitando Paulo, dizendo aos Coríntios que ele era um ministro desajustado (vejam 2 Co 11.1-15). Como resposta, Paulo pede que olhem para si mesmos. "Ô galera! Sou ministro de vocês, correto? Examinem-se. Verão que vocês estão na fé e eu tenho sido fiel". Paulo desafiou os coríntios *porque a expectativa dele é que eles fossem aprovados no teste proposto.*

De tanta coisa maluca que Paulo falou, 1 Coríntios 4.4 talvez seja a mais chocante. Lá está o apóstolo Paulo – o Sr. Miserável Homem Que Sou, Sr. Não há Um Justo – Nem Um Sequer, e ele diz aos coríntios: "Em nada minha consciência me acusa". Tá brincando! Não dá para pensar em nada, mesmo? Nenhum idolozinho sepultado debaixo de dez camadas de seu subconsciente? Mas não percamos de vista a próxima frase: "nem por isso justifico a mim mesmo. O Senhor é quem me julga". Então Paulo não está reivindicando estar OK só porque se sente OK. Mas ele está dizendo que tem consciência limpa. Ele obedece a Deus e se mantém na linha de acordo com a Palavra de Deus. Isso não significa que ele seja perfeito. Não há dúvida que ele está trazendo seus pecados diariamente diante de Deus para ser purificado de toda injustiça (1 João 1.8-9; Mt 6.12). Mas nem por isso ele está andando com o rabinho entre as pernas, sentindo-se espiritualmente um derrotado. Ele não vive à mercê de uma constante culpa nível-mínimo só porque não vem fazendo o suficiente ou porque, durante seu almoço, detectou uma quantia módica de orgulho.

Qual é o segredo de tal liberdade? Paulo não está invocando o poder do pensamento positivo ou se sentindo bem porque possui um Deus que não julga ninguém. Não. A razão da confiança de Paulo está diretamente relacionada a seu caráter. Em linhas gerais, santidade é o estilo de vida de Paulo. E como homem piedoso, ele vem se dando bem com Deus. Penso ser isso que diz 1 Tessalonicenses 3.13 quando ele diz que Deus "fortaleça o coração de vocês para serem irrepreensíveis em santidade diante de nosso Deus e Pai, na vinda de nosso Senhor Jesus com todos os seus santos". Paulo não está falando em santidade posicional nesse texto, mas sim de santidade progressiva, que é o motivo do versículo 12 falar do Senhor nos fazer "*crescer* e transbordar o amor que vocês têm uns para com os outros e para com todos". Os filhos de Deus jamais serão imaculada e infalivelmente santos como Deus, mas devemos ser santos. O cristão deve exibir um padrão consistente de obediência, junto com o hábito de correr rápido para Deus à busca de purificação em caso de desobediência. É assim que podemos estar firmados "irrepreensíveis em santidade", e termos a mesma confiança que Paulo demonstrou ter em 1 Coríntios 4.

A Bíblia ensina claramente que a santidade é possível. São boas notícias e não más notícias. A você é permitido enxergar evidências da graça em sua própria vida. Você tem a permissão para ser (e espera-se que você seja) obediente. Você jamais será perfeito nesta vida. Não há nada que você possa fazer para merecer o amor de Deus. Mas como filho redimido e regenerado de Deus, não há porque você ser um fracasso espiritual. Pelas misericórdias de Deus, você pode "apresentar seu corpo como sacrifício vivo, santo e agradável a Deus, que é o seu culto racional" (Rm 12.1).

Capítulo Seis

EMPENHO ENERGIZADO PELO ESPÍRITO, IMPELIDO PELO EVANGELHO E ABASTECIDO PELA FÉ

Poucas coisas na vida são menos esclarecedoras do que as entrevistas coletivas após os jogos. Não me leve a mal, nem sempre elas são ruins. Alguns técnicos e jogadores podem ser perspicazes. Já vi verdadeira postura e humildade presente em tais coletivas. Mas, via de regra, não se espera ouvir nenhuma "luz" nova minutos após o encerramento de um jogo. O que geralmente se ouve é que nunca desistimos, sempre acreditamos em nosso potencial, que demos 110% de nós mesmos, e como os jogadores merecem todo o crédito do mundo (Sério? Todo o crédito? Do mundo? Nenhum crédito para mais ninguém?). Parte do problema é que as entrevistas geralmente permitem perguntas vazias: Você foi lançado na intermediária, driblou o zagueiro e tocou na saída do goleiro – ajude-nos a entender o que você pensou naqueles instantes". Que tipo de pensamento você imaginaria que o centro-avante teria naqueles momentos? Quem sabe, "arranque mais rápido". A coisa não chega às raias do centro-avante desconstruir Dostoievsky.

As entrevistas do pré-jogo não são muito melhores. É quando ouvimos bastante sobre o trabalho em equipe que vem sendo feito, do vencer batalha a batalha, jogo a jogo, e outras estratégias esportivas revolucionárias. Não é que qualquer desses comentários esteja errado. De vez em quando, até que surge um lampejo de inteligência. Mas com o passar do tempo, e com a repetitividade, clichês do tipo "mantenha o foco no jogo" e "não deixe as vitórias subirem à cabeça", se tornam tão comuns e genéricas que acabam não dizendo praticamente nada. Será que já foi estratégia de algum time jogar com a cabeça nas nuvens e deixar a vitória subir à cabeça à vontade?

Infelizmente, nós cristãos podemos ser culpados das mesmas generalizações. Veja bem, não estou dizendo que (geralmente) dizemos mentiras. O que não estamos fazendo é sendo suficientemente meticulosos para tornar um conselho prático a ponto de ser útil. "Entregue a coisa toda a Deus", pode ser um sábio conselho, mas o que queremos dizer com isso? Como é, precisamente, que entregamos algo para Deus? Ou, se uma pessoa nos disser "creia nas promessas de Deus". Certamente é verdade, mas que promessas? E como é que tais promessas me ajudam a agir de forma correta, agora?

É possível, portanto, ser absolutamente bíblico, mas ainda assim não ajudar os outros – especialmente se o assunto é a busca da santidade. A maioria dos cristãos sabe que santificação diz respeito a Deus operando em nós na medida em que colocamos a nossa salvação em ação com temor e tremor (Fl 2.12-13). Espero que todos concordem com John Owen, que tentar ser santo "a partir de força pessoal, levada a efeito por meios pessoalmente concebidos, visando o fim de auto-justiça, é a própria alma, o próprio cerne de toda falsa religião no mundo".[1] Seria um grande erro pensar que justificação diz respeito somente a Deus e santificação diz respeito somente a nós. Nós queremos trabalhar, servir e falar, não na nossa própria força, mas na força que Deus supre (1 Pe 4.11).

Mas mesmo assim, não fica imediatamente claro em que toda essa praticidade implica. Como é que Deus opera em nós na medida em que nós colocamos nossa salvação em ação. Como podemos servir na força suprida por Deus, e não em nossa própria força? Ou, mais especificamente quanto ao assunto deste capítulo, o que significa que nosso empenho rumo à santidade deve ser "energizado pelo espírito, impelido pelo evangelho, e abastecido pela fé"? Uma coisa é sugerir que a santidade brota quando "permitimos ao Espírito operar em nós", ou "por deixarmos o Evangelho se apoderar de nosso coração", ou por "dar sangue quanto a crer nos Evangelho da graça de Deus", ou ainda, "correr para Jesus"- mas como é que qualquer uma dessas coisas funciona na prática? Como é que Deus usa seu Espírito, o Evangelho, e a fé para tornar a possibilidade de santidade em realidade?

---

[1] John Owen, *A Mortificação do Pecado* (São Paulo, SP: Editora Vida, 2005).

SANTIDADE PELO PODER DO ESPÍRITO

Faz todo sentido pensarmos que o Espírito *Santo* desempenhe papel primordial em nos tornar santos. De acordo com 1 Pedro 1.2, somos salvos "de acordo com o pré-conhecimento de Deus Pai, pela obra santificadora do Espírito", para que sejamos obedientes a Jesus Cristo e borrifados por seu sangue. A santificação, nesse versículo, possui dois sentidos. O Espírito nos separa *em Cristo* para que sejamos purificados por seu sangue (santificação definitiva), e ele opera *em nós* para que possamos ser obedientes a Jesus Cristo (santificação progressiva). Através do Espírito recebemos uma nova posição e somos infundidos com novo poder. Ou, para utilizar a linguagem paulina, já que não estamos mais na carne e sim no Espírito, pelo mesmo Espírito devemos mortificar os feitos da carne (Romanos 8.9-13). [2]

Mas voltando à pergunta prática: como é que o Espírito, *de fato*, opera em nós, tornando-nos santos? Uma das formas é nos fortalecendo com poder em "o íntimo de nosso ser"(Ef 3.16). A obra do Espírito está frequentemente associada a poder (Atos 1.8; Rm 15.19; 1 Co 2.4; 1 Ts 1.5). Esse poder pode se manifestar em sinais e maravilhas, em dons espirituais para edificar o corpo, e na capacidade de gerar fruto espiritual. O mesmo Espírito que esteve presente na criação e fez com que você nascesse de novo, está agindo para capacitar o íntimo de

---

[2] Veja Kevin DeYoung, *The Holy Spirit*, The Gospel Coalition Booklets, editado por D. A. Carson e Timothy Keller (Wheaton, IL: Crossway, 2010) págs. 18-19. Esta parte sobre o Espírito repete alguns dos pontos e algumas das mesmas frases desta obra anterior.

seu ser (ou seja, sua vontade ou coração) para que você possa resistir aos pecados que não conseguia resistir anteriormente e para fazer coisas boas que, de outra sorte, seriam impossíveis a você. Cristãos derrotistas não lutam contra os pecados porque concluem que "nasceram assim", ou "jamais mudarão", ou "não possuem fé suficiente", e, por isso, não estão sendo humildes. Eles desonram o Espírito Santo que nos capacita com poder sobrenatural.

Mas isso não é tudo que o Espírito faz para nos santificar. O Espírito é poder, mas também é uma luz. Ele brilha nas trevas de nosso coração e nos traz convicção de pecado (João 16.7-11). Ele é uma lâmpada a iluminar a Palavra de Deus, ensinando-nos o que é verdade, fazendo com que isso nos salte aos olhos como precioso (1 Co 2.6-16). E o Espírito acende os refletores sobre Cristo, para que possamos enxergar a glória Dele e sermos transformados (João 16.14). É por isso que 2 Coríntios 3.18 afirma: "E todos nós, que com a face descoberta contemplamos a glória do Senhor, segundo a sua imagem estamos sendo transformados com glória cada vez maior, a qual vem do Senhor, que é o Espírito". Assim como Moisés teve sua face transformada quando contemplou a glória do Senhor no Monte Sinai (Ex 34.29; conf. 2 Co 3.7), assim seremos transformados quando, pelo Espírito, contemplarmos a glória de Deus na face de Cristo.

Resumindo, então, o Espírito é para nós uma luz de três formas diferentes: (1) Ele expõe o pecado para que possamos reconhecê-lo e voltar-lhe as costas; (2) ele ilumina a Palavra para que consigamos entender seu significado e captar suas implicações; (3) ele remove o véu para que possamos contemplar a glória de Cristo e nos tornarmos semelhantes àquele a quem contemplamos. Ou, em outras palavras, o Espírito santifica ao revelar o pecado, revelar a verdade e revelar a glória. Quando fechamos os olhos para essa luz, a Bíblia chama essa ação de resistir (At 7.51), ou apagar (1 Ts 5.19) ou entristecer o Espírito (Ef 4.30). Pode haver pequenas nuanças entre estes três termos, mas todos fazem alusão a situações onde não aceitamos a obra santificadora do Espírito em nossa vida. Se cedermos ao pecado ou desistirmos da justiça, a culpa não é do poder do Espírito, mas sim de nossa preferência pelas trevas do mal e não pela luz do Espírito (João 3.19-20).

BOAS OBRAS COM BASE NAS BOAS NOVAS

Parece que todo cristão com que trombo hoje em dia insiste que a santidade pessoal fluirá de uma genuína compreensão do Evangelho. Isso é, com certeza, correto. Mas a "coisa não para por aí". Precisamos ser mais específicos. Como, exatamente, que as boas obras brotam das boas novas?

Deixe-me sugerir duas maneiras.

Primeira, o Evangelho nos encoraja rumo à santidade por causa de nosso senso de gratidão. É isso que está por trás de Romanos 12.1-2. Em virtude das misericórdias de Deus descortinadas em Romanos 1-11 (p. ex. justificação, adoção, predestinação, expiação, reconciliação, preservação, glorificação), nossa grata resposta deve ser a obediência aos imperativos dos capítulos 12 a 16. Conforme afirma John Stott, "não é por acaso que no Grego um e o mesmo substantivo *(charis)* substitui bem tanto 'graça' como 'gratidão'".[3]

É claro que precisamos nos certificar de que não pensamos em gratidão como se fosse uma espécie de ética de devedor, como se Deus nos mostrasse misericórdia e agora espera que compensemos por ela com uma obediência "toma lá, dá cá" para o resto da vida. Não temos como repagar o que quer que seja a Deus (Rm 11.35). Mas se entendermos tudo que Deus fez por nós em Cristo, sentir-nos-emos felizes e ávidos por agradá-lo. Como marido, eu dou bastante furos, mas consegui dar alguns bons presentes à minha esposa. Geralmente envolvem uma combinação de um tempo longe dos filhos mais uma viagem de férias para a sogra, para que recobremos nossa razão. Quando minha esposa recebe um presente atencioso assim (comparado, digamos, a uma inscrição em uma academia), eu geralmente fico bem na foto por algum tempo. Não é por isso que dou o presente (acredite-me, querida, não é!), mas o resultado típico natural disso para minha esposa é um (bom) tempo de alegre gratidão. E, além disso, quando somos gratos, não ficamos apenas ávidos por agradar a Deus; tornamo-nos menos propensos a nos atolarmos na impiedade. A humildade e felicidade que brotam da gratidão têm a tendência de impedir a entrada – por falta de lugar – daquilo que é vulgar, inconveniente ou mau (Ef 5.4).[4]

---

[3] John Stott, *Romans: God's Good News for the World* (Downer's Grove, IL: Intervarsity Press, 1994), pág. 321.
[4] John Piper, *Graça Futura* (São Paulo, SP: Shedd Publicações Ltda., 2009), pág. 49

Segundo, o Evangelho auxilia nossa busca pela santidade dizendo-nos a verdade a nosso respeito.[5] Certos pecados se tornam mais difíceis quando entendemos nossa nova posição em Cristo. Se somos o tesouro pessoal de Deus, porque sermos invejosos? Se Deus é nosso Pai, porque temer? Se estamos mortos para o pecado, por que viver nele? Se fomos ressuscitados com Cristo, por que permanecermos em nossos velhos caminhos pecaminosos? Se estamos assentados nos lugares celestiais, por que agir como o diabo? Se somos amados com amor eterno, por que tentarmos provar nosso amor ao mundo? Se Cristo é tudo em todos, por que me preocupo tanto comigo mesmo?

Este último parágrafo, Martyn Lloyd-Jones chamou de falar consigo mesmo em lugar de ouvir a si mesmo.[6] É fácil nos deixarmos convencer que jamais poderemos mudar ou que Deus está prestes a se livrar de nós depois de termos pisado na bola pela milionésima vez. Mas não dê ouvidos a si mesmo; pregue para si mesmo. Volte para o Evangelho. Lembre-se de que já não resta condenação para os que estão em Cristo Jesus (Rm 8.1). Lembre-se que o Espírito que ressuscitou Jesus dentre os mortos habita em seu coração (v. 11). Lembre-se de que você é filho de Deus, e se é filho, também é herdeiro (vs. 16-17). Lembre-se de que nada pode nos separar do amor de Deus que está em Cristo Jesus (vs. 38-39). Deus concede gra-

---

5 Direi mais a esse respeito no capítulo 8.
6 Veja, por exemplo, a obra *Depressão Espiritual*, de Martyn Lloyd-Jones (São Paulo, SP: PES, 1987), pág. 8

ça maior (Tiago 4.6). Aproxime-se dele, reconheça quem você é nele, e continue batalhando por ter mãos limpas e coração puro (v. 8).

FIRME-SE NAS PROMESSAS

A fé é central ao cristianismo. Todos sabemos disso. A justificação vem pela fé, independentemente das obras da lei (Rm 3.28). Mas qual é o papel reservado à fé, uma vez que nos convertemos? A árdua luta do crescer em santidade é removida do exercício da fé?

Que jamais seja assim!

Somos justificados pela fé. E é pela fé que nos empenhamos para sermos santificados. A fé opera em ambos – confiar no Evangelho e crer naquilo que a Bíblia diz ser nossa posição em Cristo. Mas na busca por santidade precisamos contemplar mais do que os atos passados de redenção. Precisamos olhar adiante e confiar na "graça futura".[7]

Justificação não é o único remédio para o pecado. Compreender o que Deus fez por nós não esmagará todos os ídolos. Há anelos em nossa alma que só serão satisfeitos através da promessa de bênção futura. De que outra forma podemos explicar o conceito de *esperança* de glória? Deus vive a fazer promessas na Bíblia, e tais promessas visam alimentar o motor da obediência.

---

7   Se você desejar uma exposição mais bem feita e mais completa do que estou procurando dizer nestes parágrafos, leia *Graça Futura* de John Piper. Veja também a versão menor de *Battling Unbelief: Defeating Sin with Superior Pleasure* (Colorado Springs: Multinomah, 2007).

Permita-me demonstrar o que tenho em mente olhando rapidamente para um texto bem conhecido das Escrituras – o Sermão do Monte. Os três capítulos – Mateus 5 a 7 – estão carregados de mandamentos. Mas também estão repletos de promessas – algumas delas promessas de juízo, mas muitas delas de graça futura. Comecemos com as Bem-aventuranças. Todas elas prometem bênção de alguma espécie. Os mansos herdarão a terra (Mt 5.5). Os perseguidos terão o Reino dos céus (v. 10). Os insultados receberão grande recompensa (v. 12). Na minha experiência pessoal, Mateus 5.8 – "Bem-aventurados os puros de coração, pois verão a Deus"- tem sido o versículo de maior ajuda na Bíblia em minha luta contra a tentação da luxúria. A chave aqui é que Jesus combate prazer com prazer. A impureza sexual pode ser agradável (no momento). Mas Jesus promete uma bênção maior para os puros de coração: eles verão a Deus.

Anos atrás, havia uma casa em nossa vizinhança pela qual eu passava frequentemente em minha ida para o trabalho. Jamais conheci quem ali residia, nem faço ideia quem seria. Mas frequentemente, durante o verão, uma jovem mulher costumava lavar o carro na entrada da garagem, trajando um maiô indecente. Mateus 5.8 costumava ser a espada que eu utilizava para matar a tentação de me virar e olhar para ela. Pensava comigo mesmo: "Eu quero ver a Deus. Eu quero conhecer a Deus. Não quero me sentir longe dele o resto do dia. Sei que a comunhão com Deus é melhor que uma olhadela de três segundos". Eu estava buscando a santidade pela fé nas promessas de Deus.

Empenho energizado pelo Espírito,
impelido pelo evangelho, e abastecido pela fé

E as promessas continuam através desse que é o sermão mais famoso do mundo. Muitas são advertências. Se você matar, será sujeito a juízo (Mt 5.21), e quem disser "Louco" a seu irmão, será réu do inferno (v.22). Se você não frear sua luxúria, pode acabar lá também (vs. 29-30). Não perdoe, e você não será perdoado (6.15). Caminhe pelo caminho largo, e você se deparará com a destruição (7.13). Construa sua casa sobre a areia, ignorando as palavras de Jesus, e sua casa cairá (7.26-27). Todas são promessas – embora promessas negativas – tencionadas a energizar nossa obediência.

Mas Jesus também prometeu bênçãos. Se você preservar os mandamentos, você será grandioso no Reino dos céus (Mt 5.19). Se você entrar pela porta estreita e caminhar pelo caminho difícil, achará vida (7.14). Se ouvir as palavras de Jesus e as praticar, terá verdadeira segurança (7.24-25). Jesus quer nos motivar pelo pensarmos em recompensa – real, eterna, duradoura (6.1,2, 4, 5, 6, 16, 18, 19-20). Ele sabe que a luta contra o pecado é a luta para confiar em nosso Pai celeste. É por isso que preocupação não é apenas uma esquisitice da personalidade, mas sim um sinal de incredulidade (v. 30). Se tivermos fé na graça futura de Deus, nós buscaremos primeiramente o reino de Deus e confiaremos que Deus nos dará tudo de que precisamos (v.33). Nosso Pai promete dar coisas boas a todos os que lhe pedirem (7.11)

Como nosso Deus da aliança, ele nos garante bênçãos quando obedecemos e ameaça com maldições por conta de desobediência. As bênçãos podem não ser as esperadas e podem não vir até a próxima vida (Hb 11.39-40), mas elas sempre são boas e sempre cooperam para o objetivo último de nos tornarmos mais semelhantes a Cristo (Rm 8.28-29). A vida santa sempre será uma vida de fé, crendo do fundo de nosso coração que Deus fará o que prometeu.

Um último detalhe: meu discurso tem sido acerca de fé no Evangelho, ou fé nas promessas de Deus, especialmente nas promessas de graça futura. Mas poderíamos falar, de forma mais ampla, acerca de fé na Palavra de Deus. Isso é o que, em essência, é batalha espiritual: crer na verdade de Deus em lugar de crer nas mentiras do diabo. Satanás é o pai da mentira e sua arma primordial é o engano. Ele mente acerca de Deus. Ele mente acerca do pecado. Ele mente acerca de seu perdão. Ele mente acerca da Bíblia. Resistir ao diabo nada tem a ver com casas mal assombradas ou cabeças girando. Tem a ver com fé, confiar na verdade e não em mentiras. É disso que trata Efésios 6. Cinja-se com o cinto da verdade. Use o escudo da fé. Empunhe a espada do Espírito. Na batalha espiritual você fica firme contra as ciladas do Diabo ficando firme na Palavra de Deus.[8]

EMPENHO

Eu seria negligente se não encerrasse este capítulo falando algo sobre a última expressão do título do capítulo. Sim, o Espírito nos capacita em nossa busca por santidade. Sem dúvi-

---

8 O melhor livro que conheço sobre batalha espiritual – conforme a Bíblia a compreende – é um velho clássico puritano escrito por Thomas Brooks, *Precious Remedies against Satan's Devices* (Edinburgh: Banner of Truth, 1997 [1652]).

da, o Evangelho nos impele rumo à semelhança de Cristo. Não restam dúvidas que a fé abastece nossa obediência. Mas ainda assim, nós temos de nos empenhar para que isso ocorra. As misericórdias de Deus não geram obediência automaticamente. É preciso que sejamos ordenados a fazê-lo e aí saiamos a campo.[9] Deus é o agente de nossa santificação (1 Ts 5.23). Ele é quem vai nos fazendo santos. Mas precisamos perseguir o dom de Deus para nós. Ou, conforme John Piper diz, "quando a questão é a mortificação de meu pecado, eu não espero passivamente pelo milagre do 'mata-pecado' ser operado dentro de mim; eu ajo o milagre".[10]

O Novo Testamento testemunha de forma consistente que o crescer na piedade requer empenho da parte do cristão. Romanos 8.13 afirma que pelo Espírito nós precisamos mortificar os atos da carne. Efésios 4.22-24 nos instrui a nos despir do velho homem e nos revestir do novo homem. Colossenses 3.5 ordena que façamos morrer o que pertence à natureza terrena em nós. 1 Timóteo 6.12 insta conosco a combatermos o bom combate. Lucas 13.24 nos exorta a nos esforçarmos por entrar pela porta estreita. 1 Coríntios 9.24-27 fala de corrermos a corrida e disciplinarmos o corpo. Filipenses 3.12-14 fala a respeito de prosseguir, de avançar para o alvo. 2 Pedro 1.5 ordena indubitavelmente a que "nos empenhemos". Sua parcela como crente nascido de novo é "se afadigar, esforçando-se o

---

9 Veja Douglas J. Moo, *The Epistle to the Romans* (Grand Rapids, MI: Eerdmans, 1996), págs. 749-750.
10 http://www.desiringgod.org/blog/posts/i-act-the-miracle. Acessado dia 15 de julho de 2011.

mais possível, segundo a sua eficácia", na medida em que Cristo poderosamente opera em nós (Cl 1.29). Jamais podemos nos esquecer que, de acordo com Jesus, a recompensa da vida eterna vai para os que vencem (Apocalipse 2-3).

O cristão luta – luta para matar o pecado e luta para viver no Espírito. Descansa no Evangelho, mas jamais descansa na batalha contra a carne e contra o Diabo. O filho de Deus possui duas grandes marcas: ele é conhecido por sua luta interior e por sua paz interior.[11] Como cristãos do Evangelho, não deveríamos temer o fato de nos esforçarmos, lutarmos e labutarmos. São belas palavras da Bíblia. "Ninguém consegue atingir qualquer grau de santidade sem Deus atuar em sua vida", escreve Jerry Bridges, "mas, com a mesma certeza, ninguém a obtém sem empenho de sua própria parte. Deus tornou possível andarmos em santidade. Mas ele nos deu a responsabilidade do andar em si".[12] Nos despojarmos da corrupção da carne, conforme disse Calvino, "é uma obra árdua e de imenso labor". Portanto, Deus "ordena que nos empenhemos e façamos todo esforço possível para esse fim. Ele nos intima a que nenhum lugar seja dado, neste caso, à preguiça".[13] Quando o assunto é santificação, nós não simplesmente voltamos os olhos para o Senhor. Nós não apenas nos fascinamos com o Evangelho. Nós também "damos duro" para sermos santos.

---

11 Isto é uma paráfrase de uma frase de J. C. Ryle, *Santidade: Sem a Qual Ninguém Verá o Senhor* (São José dos Campos, SP: Ed. FIEL, 2009).

12 Jerry Bridges, *A Busca da Santidade*.

13 O comentário de Calvino sobre 2 Pedro 1.5. Veja *Calvin's Commentaries Volume XXII*, editado por John Owen (Grande Rapids, MI: Baker, 1993), pág. 372.

Empenho energizado pelo Espírito,
impelido pelo evangelho, e abastecido pela fé

Não nos enganemos com a velha teologia de Keswick com visão de santidade do tipo "abrir mão e deixar Deus agir".[14] No livro *The Christian's Secret of a Happy Life [O Segredo do Cristão para Uma Vida Feliz]* (um infeliz clássico do movimento Vida Superior), Hannah Whitall Smith argumenta: "Tudo que defendemos nessa vida de santificação é que por um passo de fé nós nos colocamos nas mãos do Senhor, para que ele opere em nós todo o propósito de sua vontade; e que pelo contínuo exercício da fé, nos mantemos lá... Nossa parte é confiar, e a parte dele é efetuar os resultados".[15] Isto talvez soe super-espiritual, mas não é bíblico. Santificação não acontece por meio de um render-se, mas sim por um empenho e labor possibilitado por Deus.

Ouça o que diz Martyn Lloyd-Jones:

> O Novo Testamento nos convoca à ação; ele não diz que a obra da santificação será feita por nós... Nós estamos no 'bom combate da fé', e somos nós que combatemos. Mas, graças a Deus, somos capacitados a fazê-lo; pois no momento em que cremos, e somos justificados pela fé, e somos nascidos de novo do Espírito de Deus, passamos

---

14 Essa teologia recebe esse nome por ter sido promovida inicialmente em conferências havidas em Keswick, Inglaterra, no final do século XIX. As conferências continuam até os dias atuais, mas ninguém deve pressupor que a teologia é a mesma. No momento, a conferência prossegue com bases sólidas. Para um excelente exame do velho movimento de Keswick e seus problemas teológicos, veja Andrew David Naseli, *Let Go and Let God? A Survay and Analysis of Keswick Theology* (Bellingham, WA: Logos Bible Software, 2010).

15 Hannah W. Smith, *The Christian Secret of a Happy Life* (Gloucestershire, UK: Dodo Press, 2008 [1875]), pág. 7

a ter a capacitação. Portanto, o método de santificação do Novo Testamento é nos relembrar disso; *e tendo nos relembrado, ele diz: 'Agora, portanto, vá e faça'.* [16]

É por isso que quando um velho teólogo Holandês relacionou suas "Razões pelas Quais Crentes Não Crescem Tanto Quanto Deveriam", ele cita não apenas as razões ligadas ao Evangelho, como o duvidar da conversão, ou o encostar-se irresponsavelmente na graça, ele também incluiu a velha e simples preguiça: "Nós certamente desejamos nos encontrar num nível espiritual alto, crescendo como uma palmeira, mas não estamos dispostos a nos esforçar – e por isso não chegamos lá".[17] O que, em outras palavras, expressa que na busca pelo sermos semelhantes a Cristo, não há lugar para o quietismo.

Essas questões são importantes porque alguns cristãos estão empacados em sua santificação por simples falta de empenho. Eles precisam conhecer o poder do Espírito. Eles precisam estar arraigados na graça do Evangelho. Eles precisam confiar nas promessas de Deus. E eles precisam lutar, se esforçar e se empenhar de toda forma possível para colocar em prática tudo que Deus está operando neles. Digamos junto com Paulo, "Trabalhei mais que todos eles; contudo, não eu, mas a graça de Deus comigo" (1 Co 15.10). Sem esta ênfase bíblica,

---

16 D. Martyn Lloyd-Jones, *Romans: Exposition of Chapter 6: The New Man* (Edinburgh: Banner of Truth, 1972), pág. 178 (ênfase adicionada)

17 Wilhelmus A Brakel, *The Christian's Reasonable Service*, trad. Bartel Elshout, editado por Joel R. Beeke, 4 vols. (Grand Rapids, MI: Reformation Heritage Books, 1994), 4:154.

ficamos confusos, nos perguntando porque a santificação não flui automaticamente a partir de um compromisso do fundo do coração para uma justificação encharcada com o evangelho. Estaremos esperando por fé suficiente para realmente "obtermos o evangelho" quando Deus quer que nos levantemos e arregacemos as mangas para trabalhar (Fl 2.12-13). Isso porque, quando o assunto é crescer em piedade, confiar não coloca um ponto final no tentar.

Capítulo Sete

SEJA QUEM VOCÊ É

Era um perfeito dia de outono em Michigan para um bate-bola no quintal. Um pouco de frio, mas o suficiente para ser gostoso correr. Eu jogava futebol com meus dois filhos mais velhos. Jacob, o mais novo dos dois, estava no meu time contra Ian, seu irmão mais velho. Depois de defender o chute de Ian no gol, fiz menção de lançar a bola na corrida para Jacob, já começando a correr rumo ao outro gol. Chutei a bola de chapa de pé e ela passou pelos dois e continuou... continuou... continuou, até cair dentro do gol do outro lado do quintal. Ian ficou um tanto quanto frustrado. Jacob, por outro lado, com cinco anos de idade na época, ficou impressionado. Com um olhar de admiração ele se voltou para mim e disse, com toda seriedade: "Wow! Pai, só o senhor e Jesus conseguem fazer isso".

Confesso não poder falar sobre as habilidades futebolísticas de Jesus. Procurei na Wikipedia, mas havia poucos detalhes. Mas posso dizer que a frase de meu filho se tornaria TNT teológica se ele tivesse modificado apenas uma palavra. No fundo, todos sabemos que devemos ser parecidos com Jesus. Em nossos dias mais favoráveis, nós até queremos ser como Jesus. Gostaríamos que outros pudessem olhar para nossa vida, contemplar nossa piedade, e dizer: "Wow! Só você e Jesus conseguem fazer isso".

Não se trata de um sentimento ruim. Mas o problema reside na palavrinha "e". Essa conjunção deveria ser uma preposição. "Somente você *em* Jesus consegue fazer isso". Ser semelhante a Cristo é possível, mas não se simplesmente operarmos junto com Jesus ou simplesmente imitando seu exemplo. Nós só podemos viver *como* Jesus a partir do conhecimento de nossa posição *em* Jesus.

UNIÃO COM JESUS CRISTO

O termo teológico para expressar o estar em Jesus é "união com Cristo". Como isto está ligado à questão de santidade ficará mais claro logo mais, mas primeiro precisamos colocar alguma "carne teológica" nesse esqueleto, porque a grande maioria, nesse particular, é bastante rasa quanto a esse ponto da teologia. União com Cristo pode ser a doutrina mais importante de que você jamais ouviu falar. Como cristãos, sabemos que fomos salvos por Cristo, que deveríamos nos parecer com ele, e que temos um relacionamento com ele. Mas dificilmente consideramos como tudo isso depende de nossa união com Cristo.

A totalidade de nossa salvação pode ser resumida em relação a essa realidade. União com Cristo não é uma bênção específica que recebemos em nossa salvação. Na realidade, constitui-se em *todas* as bênçãos da salvação, quer na eternidade passada (eleição), na história (redenção), no presente (chamado eficaz, justificação e santificação), ou no futuro (glorificação).[1]

Toda bênção é recebida em Cristo (Ef 1.3). Nenhum aspecto de nossa salvação pode ser excluído de nossa união com ele. Esse é o alicerce e a base de todos os dons dele. Portanto, enquanto é adequado teólogos falarem de "a ordem da salvação" *(ordo salutis)*, por meio da qual somos chamados pelo Espírito, nascidos de novo, levados à fé e ao arrependimento, justificados, adotados, santificados, preservados e glorificados, jamais devemos isolar esses benefícios do Benfeitor. Toda bênção na ordem da salvação flui de nossa união com Cristo. Conforme declarou John Murray, "não se trata de um simples passo na aplicação da redenção; quando vista de acordo com o ensinamento das Escrituras, seus aspectos mais amplos sustentam cada passo da aplicação da redenção. União com Cristo é, na realidade, *a verdade central de toda a doutrina da salvação*, não

---

[1] Michael Horton, *The Christian Faith: A Systematic Theology for Pilgrims On the Way* (Grand Rapids, MI: Zondervan, 2011), pág. 587

apenas em sua aplicação, mas também em sua realização uma-vez-para-sempre da obra consumada de Cristo". [2]

A doutrina da união com Cristo é tão comum no Novo Testamento que você bem pode ter passado batido por ela. Mais de duzentas vezes nas cartas de Paulo e mais de duas dezenas de vezes nos escritos de João, encontramos expressões do tipo "em Cristo", "no Senhor" ou "nele".[3] Somos encontrados em Cristo (Fl 3.9), preservados em Cristo (Rm 8.39), salvos e santificados em Cristo (2 Tm 1.9; 1 Co 1.30). Vivemos em Cristo (Cl 2.6), labutamos em Cristo (1 Co 15.58), e obedecemos em Cristo (Ef 6.1). Nós morremos em Cristo (Ap 14.13), vivemos em Cristo (Gl 2.20), e vencemos em Cristo (Rm 8.37) – só para citar alguns exemplos. Outras trinta e duas vezes Paulo fala de crentes participando juntamente com Cristo em algum aspecto da redenção, sejam serem crucificados com Cristo, sepultados com Cristo, ressuscitados com Cristo ou estarem assentados com Cristo.[4] Fora esse tipo de união, todas as bênçãos de Cris-

---

[2] John Murray, *Redemption- Accomplished and Applied* (Grand Rapids, MI: Eerdmans, 1955), pág. 161 (ênfase acrescentada). Consulte também Robert Lethanm, *The Work of Christ* (Downers Grove, IL: InterVarsity Press, 1993), págs. 80-81; Sinclair Ferguson, *The Holy Spirit* (Downers Grove, IL: InterVarsity Press, 1997), págs. 100, 106. Semelhantemente, o Catecismo Maior de Westminster entende "a ordem da salvação" *(ordo salutis)* como sendo a realização de nossa união com Cristo (66,69).

[3] Bruce Demarest, *The Cross and Salvation: The Doctrine of Salvation* (Wheaton, IL: Crossway, 2006) pág. 313. De acordo com Demarest, existem 216 ocorrências de "em Cristo" (e construções similares) em Paulo e vinte e seis em João. Sinclair Ferguson coloca o primeiro número como sendo 160 *(Holy Spirit,* pág. 100).

[4] Consulte Douglas J. Moo, *The Epistle to the Romans* (Grand Rapids, MI: Eerdmans, 1996), pág. 392. Consulte também Lane Tipton, "Union with Christ and Justification", em *Justified in Christ: God's Plan for Us in Justification,* editado por K. Scott Oliphint (Feran, Ross-shire, UK: Mentor, 2007), pág. 25. Tanto Moo quanto Tipton incluem numerosas referências relativas às expressões relativas a "em Cristo"e a "com Cristo".

to não nos atingiriam. É somente quando o Espírito nos une com Cristo e somos enxertados em seu corpo que podemos participar, não meramente dos benefícios inerentes a Cristo, mas do próprio Cristo.[5] A vida cristã inteira, da eleição à justificação à santificação até a glorificação final, torna-se possível por meio da – e é uma expressão da – nossa união com Cristo. É por isso que o pedido final na Oração Sacerdotal de Jesus é "e eu neles esteja" (João 17.26), e também porque Paulo afirma que "Cristo em vocês" é a esperança da glória (Cl 1.27).

CONFUSÃO DE UNIÃO

A doutrina da união com Cristo não tem lugar central no pensamento popular do Cristianismo recente. Tal negligência é provavelmente devida a dois fatores. Primeiro, pode ser complicado embrulhar sua mente com essa doutrina. Afinal, o que significa, exatamente, que estamos unidos com Cristo ou que ele está em nós ou que nós estamos nele? Pensar numa dimensão espacial não ajuda. Cristo não está grampeado a nós. Ele não se deixa encolher por um raio de forma a poder viver como um organismo microscópico em nosso ventrículo esquerdo. A união não é física, mas teológica. União com Cristo implica simplesmente em três coisas: *solidariedade* (Cristo como o segundo Adão é nosso representante), *transformação* (Cristo, por meio do Espírito Santo, nos transforma de den-

---

[5] É comum teólogos falarem de "justiça externa" em nossa justificação. O conceito é que fomos salvos por uma justiça não pertencente a nós. Enquanto isso é, certamente, verdadeiro, a palavra "externa" pode ser enganosa. Pois Cristo não é externo a nós, mas habita em nós.

tro para fora), e *comunhão* (Cristo habita conosco como nosso Deus).[6] União com Cristo é como o matrimônio, onde somos unidos com Cristo numa aliança de amor. É como um corpo onde nós, como membros, somos unidos à Cabeça viva. Ou podemos dizer que a união com Cristo é como um edifício, onde nós somos a casa e Cristo habita dentro de nós. Essas analogias bíblicas são formas terrenas para se descrever realidades celestiais de nossa união com Cristo.

O segundo fator que leva a maioria dos cristãos a se manterem distantes desta doutrina é que ela é facilmente incompreendida. No nível mais básico, não devemos equacionar união com fusão. O ensino bíblico é que nossa pessoa é unida à pessoa de Cristo de forma que Deus é nosso Deus e nós somos seu povo. Mas esse relacionamento de aliança não é a mesma coisa que a fusão de naturezas. Nossa pessoa não se dissolve na Pessoa de Cristo numa união ontológica por meio da qual a distinção entre Deus e o seu povo é eliminada.

Ontologia é uma palavra incrementada para "ser". Portanto, uma união ontológica implicaria em que nós, na realidade, partilhássemos da essência do próprio Deus. Por exemplo, o místico medieval Meister Eckhart declarou: "Ele que é um com Deus, é 'um espírito' com Deus, *a mesma existência*".[7] Com certeza, esta não é a linguagem correta. Em certos ramos do misticismo, isso sem se falar nas religiões Orientais, união

---

6 Consulte Letham, *Work of Christ*, págs 82-83.
7 Meister Eckhart, *The Essential Sermons, Commentaries, Tratises, and Defense*, transcrito e editado por Edmund Colledge e Bernard McGinn (Mahwah, NJ: Paulist Press, 1981), pág. 56.

com Deus é uma Unidade Absoluta onde dois seres distintos não são mais distintos. Não é isso que a Bíblia ensina acerca da união com Cristo. Assim como as três Pessoas da Trindade partilham de união, mas são três Pessoas distintas, e as duas naturezas de Cristo estão unidas enquanto permanecem naturezas distintas, assim Cristo possui união conosco sem obliterar nossa própria pessoalidade peculiar. Nós não nos tornamos deuses.

Podemos, entretanto – em certo sentido – ser deificados. 2 Pedro 1.4 fala de crentes se tornando "participantes da natureza divina". Tal linguagem soa estranha à mente ocidental. Ainda assim, a deificação (também chamada de *theosis*) sempre foi fundamental a uma compreensão Cristã Ortodoxa de salvação.[8] Entretanto, a teologia Ortodoxa tem sido cuidadosa ao distinguir entre "essência" de Deus e suas "energias".[9] Nós participamos na vida ativa de Deus, não da natureza inefável de Deus. Até Calvino disse que o propósito do Evangelho é "de nos tornar, mais cedo ou mais tarde, como Deus; sem dúvida, trata-se, por assim dizer, de um tipo de deificação".[10] Mas ele deixa claro que "deificação" não significa nos perdermos em

---

[8] A Ortodoxia como ramo do cristianismo não deve ser confundida com o termo "ortodoxo", que se refere à teologia bíblica, histórica. A *ESV Study Bible* supre-nos com uma boa definição de Ortodoxia: "Ortodoxia engloba uma gama de igrejas autocéfalas e autônomas, sento a Russa e a Grega as mais proeminentes. Durante o primeiro milênio depois de Cristo, o Ocidente de fala latina e o Oriente de fala grega se alienaram linguística, cultural e teológicamente. A reivindicação de Roma de jurisdição universal e sua aceitação da cláusula *filioque* do credo Niceno-Constantinopolitano redundou em relações cortadas".

[9] Consulte, por exemplo, Kallistos Ware, *The Orthodox Way* (Crestwood, NY: St. Vladimir's Seminary Press, 1979), págs. 21-23.

[10] *Calvin's Commentary,* 2 Pedro 1.4. Consulte *Calvin's Commentaries Volume XXII*, editado por John Owen (Grand Rapids, MI: Baker, 1993), pág. 371.

Deus. Tornarmo-nos como Deus significa crescer nas qualidades e virtudes de Deus. Não há uma mistura do humano com o divino. Nossa humanidade é completamente retida, mas ela também é inserida num processo de ser plenamente restaurada. Nós não podemos nos tornar Deus; mas podemos nos tornar semelhantes a ele.

O ponto importante é não pensarmos em espiritualidade como se fosse, em essência, um exercício de separação de nossa própria alma de forma a voarmos para o céu e sermos absorvidos para dentro de algum Absoluto Divino. Sempre precisamos nos lembrar de que união com Cristo é possível graças ao descer do Filho ao mundo, e não devida ao nosso ascender ao céu. O ingrediente principal de nossa união com Cristo é a união de Cristo conosco na encarnação. Ele se tornou um de nós para que pudéssemos ser um com ele. Espiritualidade cristã não se apoia no misticismo; repousa sobre um Mediador.

DE ESTARMOS COM CRISTO A SERMOS COMO CRISTO

Reconheço que este capítulo tem sido mais técnico que os demais, mas o explorar teológico é por um bom motivo. União com Cristo é mais que um conceito doutrinário fascinante para ratos de livros e viciados em termos difíceis. Sua importância diz respeito a como você vive sua vida. Diz respeito à sua saúde espiritual. É importante para sua santidade.

Há várias maneiras em que a união com Cristo norteia nosso crescimento na piedade. Para começo de conversa, relembra-nos de que a busca por santidade é uma busca por Cristo. Não estamos interessados em sermos virtuosos apenas para sermos pessoas boas. Nosso primeiro amor é Jesus. Santidade não é, em última análise, viver à altura de um bom padrão moral. Diz respeito a viver em Cristo e viver a partir de nossa união real e vital com ele.

Semelhantemente, a união com Cristo nos ajuda a colocar a justificação e a santificação na relação adequada, uma coisa com outra. Existe uma tendência na teologia e na vida cristã de contemplar-se a justificação e a santificação isoladas uma da outra. Isso faz com que alguns cristãos enfatizem a fé à custa das obras e, de modo inverso, outros cristãos se focam na busca da justiça de forma independente da justiça imputada de Cristo. Mas tanto a justificação quanto a santificação são ambas dons "em Cristo"(1 Co 1.30; 6.11).

Teólogos, por vezes, chamam isso de a graça dupla (*duplex gratia*) da união com Cristo. Há dois lados de uma mesma moeda, distintos, mas unidos. Calvino está certo quando diz a respeito de justificação e santificação: "Tais dons da graça caminham juntos como se atados por um vínculo inseparável, de sorte que se alguém tentar separá-los estará, em certo sentido, fazendo Cristo em pedaços". [11] Santificação não flui simplesmente da justificação, de sorte que uma gere a outra. Ambas vêm da mesma fonte. Cristo não justifica a ninguém que ele também não santifique.

---

11 O comentário de Calvino em 1 Coríntios 1.30. Consulte *Calvin's Commentaries Volume XX*, editado por John Pringle (Grand Rapids, MI: Baker, 1993), pág. 93.

Em virtude de nossa união com Cristo, ele outorga os dois dons, um jamais sem o outro. "Assim sendo, fica claro que *não somos justificados sem obras*, e que, não obstante, *não somos justificados por elas*, uma vez que em nosso partilhar de Cristo, que nos justifica, a santificação [progressiva] está tão incluída quanto a justiça [imputada]".[12]

TORNANDO A REALIDADE VIVA

Tão importante quanto estes pontos são no conectar da união com Cristo com a santidade pessoal, há outra conexão ainda mais proeminente na Bíblia. Nosso progresso na busca de santidade advém, em grande parte, de nossa compreensão e em nos apropriarmos de nossa união com Cristo. Conforme afirma John Murray, "Nada é mais relevante à santificação progressiva que nosso reconhecimento de estarmos mortos para o pecado e vivos para Deus em Jesus Cristo (conf. Rm 6.11)".[13] Não considerando nossa união com Cristo, qualquer esforço para imitar a Cristo, não importa quão nobre e inspirado a princípio, inevitavelmente conduzirá ao legalismo e à derrota

---

12 *Institutas* 3.16.1 (ênfase acrescentada). Para mais sobre a doutrina de Calvino referente à união com Cristo, consulte William B. Evans, *Imputation and Impartation: Union with Christ in American Reformed Theology* (Eugene, OR: Wipf & Stock, 2008); Mark A. Garcia, *Life in Christ: Union with Christ and Twofold Grace in Calvin's Theology* (Eugene, OR: Wipf & Stock, 2008); J. Todd Billings, *Calvin, Participation, and the Gift: The Activity of Believer in Union with Christ* (Oxford: Oxford University Press, 2007); Richard B Gaffin Jr., "Union with Christ: Some Biblical and Theological Reflections", em *Always Reforming: Explorations in Systematic Theology*, editado por A. T. B. McGrowan (Downers Grove, IL: IVP Academic, 2007), págs. 271-288.

13 John Murray, "The Pattern of Sanctification", em *Collected Writtings of John Murray*, 4 vol. (Edinburgh: Banner of Truth, 1977), 2:311. Consulte também Walter Marshall, *The Gospel Mystery of Sanctification: Growing in Holiness by Living in Union with Christ* (Eugene, OR: Wipf & Stock, 2005).

espiritual. Mas uma vez que entendemos a doutrina da união com Cristo, perceberemos que Deus não nos pede que nos atenhamos àquilo que não somos. Ele só nos convoca a realizar o que já é. A busca por santidade não é um esforço quixotesco para fazer o que Jesus fez. É a luta para vivenciarmos a vida que já foi feita ativa em Cristo.

Se eu tivesse de resumir a ética do Novo Testamento em uma frase, eis como eu o diria: *seja quem você é*. Isso pode soar estranho, quase herético, devido à ênfase de nossa cultura em sermos fiéis a nós mesmos. Mas como a maioria dos piores erros do mundo, esse representa uma verdade que foi vigorosamente pervertida. Quando as pessoas dizem "relaxe, você nasceu assim", ou "pare de tentar ser alguma coisa que você não é e seja você mesmo", elas estão tropeçando em algo verdadeiramente bíblico. Deus *quer, sim,* que você seja seu verdadeiro ser. Ele *quer, sim,* que você seja fiel a você mesmo. Mas o "você" a que ele se refere é o "você" que você é pela graça, não por natureza. Talvez você queira reler esta última frase, uma vez que a diferença entre viver em pecado e viver em justiça depende de entender bem essa frase. Deus não diz: "Relaxe, você nasceu assim". Mas ele de fato diz: "Boas notícias, você foi renascido diferente".

Como crente você pertence a Cristo. E mais que isso, você está unido com ele. Pela fé, através do Espírito Santo, temos união com ele. Cristo vive em você e você nele. Você é um com Cristo, portanto viva como Cristo. Seja quem você é. Essa é a mensagem constante do Novo Testamento:

- *Em Cristo, estamos mortos para o pecado e vivos para a justiça.* "Portanto, fomos sepultados com ele na morte por meio do batismo, a fim de que, assim como Cristo foi ressuscitado dos mortos mediante a glória do Pai, também nós vivamos uma vida nova" (Rm 6.4; conf. Cl 3.1-3).
- *Em Cristo, somos nova criação de forma que possamos viver para ele e não para nós mesmos.* "E ele morreu por todos para que aqueles que vivem já não vivam mais para si mesmos, mas para aquele que por eles morreu e ressuscitou... Portanto, se alguém está em Cristo, é nova criação. As coisas antigas já passaram; eis que surgiram coisas novas!" (2 Co 5.15, 17).
- *Em Cristo, nossa carne pecaminosa é morta e um novo tipo de vida (uma nova pessoa, na realidade) agora opera em nós.* "Fui crucificado com Cristo. Assim, já não sou eu quem vive, mas Cristo vive em mim. A vida que agora vivo no corpo, vivo-a pela fé no filho de Deus, que me amou e se entregou por mim"(Gl 2.20).
- *Em Cristo, não mais somos filhos da desobediência e filhos da ira, mas sim vivos com Cristo e aptos para fazer as boas obras preparadas para nós.* "Todavia, Deus, que é rico em misericórdia, pelo grande amor com que nos amou,

deu-nos vida juntamente com Cristo, quando ainda estávamos mortos em transgressões — pela graça sois salvos. Deus nos ressuscitou com Cristo e com ele nos fez assentar nos lugares celestiais em Cristo Jesus, porque somos criação de Deus realizada em Cristo Jesus para fazermos boas obras, as quais Deus preparou de antemão para que nós as praticássemos" (Ef 2.4-6, 10).

- *Em Cristo, podemos andar como ele andou.* "Ora, como recebestes a Cristo Jesus, o Senhor, assim andai nele"(Cl 2.6).
- *Em Cristo, somos santos e preciosos e chamados a assim viver.* "Portanto, como povo escolhido de Deus, santo e amado, revistam-se de profunda compaixão, bondade, humildade, mansidão e paciência. Suportem-se uns aos outros e perdoem as queixas que tiverem uns contra os outros. Perdoem como o Senhor lhes perdoou. Acima de tudo, porém, revistam-se do amor, que é o elo perfeito" (Cl 3.12-14).

Reiteradamente, a Bíblia nos relembra de nossa identidade em Cristo de forma a nos conclamar à obediência a Cristo. Não corra atrás de santidade porque você se retrai no medo de Deus. Lute por santidade porque você está confiante de já pertencer a Deus.

A OUTRA ESTRADA DE ROMANOS

Em nenhum outro texto das Escrituras a conexão entre união com Cristo e santificação fica mais clara que em Romanos 6. Nessa passagem, Paulo está procurando responder à pergunta "devemos permanecer no pecado para que a graça seja mais abundante?" Ele acaba de exaltar a justificação pela fé somente, através da graça somente, em Cristo somente. Agora ele antevê uma objeção: já que a graça é tão estupenda, então todos podemos continuar pecando (Rm 6.1). "Gente, que tal termos o melhor de dois mundos? Pecado nesta vida e glória no porvir!" Mas é claro que isto não é lógica que brota do Evangelho. Judas verso 4 nos alerta acerca de "homens ímpios que transformam em libertinagem a graça de nosso Deus e negam o nosso único Soberano e Senhor, Jesus Cristo".

Sem dúvida, a graça não é desculpa para licenciosidade. Paulo gosta muito de falar do escândalo da graça livre. Aliás, ele jamais abandona essa mensagem. Não é como se Paulo batesse duro no assunto graça durante algum tempo e, de repente, dissesse: "Tudo bem, pessoal, chega de graça. Mãos à obra – vamos falar sobre várias coisas que precisamos fazer agora que estamos justificados". Não, Paulo jamais abandona o assunto graça. Mas – e isso é de suma importância – ele está ávido para exaltar a graça na justificação *e* exaltar a graça na santificação. Graças a essa graça, Paulo diz, e no poder dessa graça, vejam como vocês serão diferentes agora que são cristãos.

Algumas pessoas pensam que todas as religiões são iguais. Toda religião, eles dizem, ensina você a amar o próximo, ajudar os pobres, negar-se a si mesmo, e falar a verdade. Bem, mesmo que fosse verdade que todas as religiões possuem, basicamente, a mesma ética (e isso certamente não é verdade), ainda haveria a questão da motivação. Por que fazer essas coisas boas? Por que ser uma pessoa "boa"? É para ganhar entrada no céu? É para defender valores de família e a civilização ocidental? É para obter um karma melhor? É para encontrar iluminação ou livrar-se de desejos ou atingir o Nirvana? Ou para ser liberto de um ciclo de nascer e renascer? As religiões do mundo não concordam quanto à lógica de nosso comportamento ético.

Para Paulo, a motivação começa (mas não termina) com nossa identidade em Cristo. Observe Romanos 6 e repare o que é objetiva, definitiva e irreversivelmente verdade a seu respeito como cristão. Você foi batizado em Cristo Jesus (v. 3). Você foi crucificado com Cristo (v. 6). Você morreu com Cristo (v. 8). Você foi sepultado com Cristo (v. 4). Você foi ressuscitado com Cristo (vs. 4, 5). Quando 1 Coríntios 10.2 diz que os Israelitas "foram em Moisés batizados na nuvem e no mar", não significa que eles foram literalmente imersos ou aspergidos com ele. Significa que eles foram juntados a ele. Eles participaram como Moisés do êxodo – eles como povo de Moisés e ele como representante e cabeça deles. No mesmo sentido, fomos batizados em Cristo. Quer nosso batismo físico ocorra como bebê[14] e mais tarde é apropriado pela fé, ou ocorre já como adulto com

---

14 N.E. Conquanto respeitemos a visão do autor quanto ao sacramento do batismo, entendemos, todavia, que o batismo conforme ensinado nas Escrituras deve ser oferecido somente àqueles que são discípulos de Cristo e que professam fé nele.

uma profissão de fé no próprio momento, devemos ver no sacramento um sinal de nossa união com Cristo.

Como cristãos nem sempre nos sentimos perto de Jesus. Mas isso não muda a realidade de nossa união com ele. Somos instados: "*Considerem-se* mortos para o pecado, mas vivos para Deus em Cristo Jesus" (Rm 6.11). Isso porque essa é a realidade a nosso respeito. Precisamos reconhecer que estamos em Jesus – mortos para o pecado e vivos para a justiça. Certa vez li uma história acerca de um homem que lutava com atração sexual pelo mesmo gênero, e que admitiu a seu mentor que estaria voltando àquele bar gay naquela noite específica. O pastor voltou-se para ele e simplesmente disse: "Eu não acho que irá, porque esse não é quem você é". Bom conselho. Bastante bíblico.

União com Cristo modifica, fundamental e irrevogavelmente, nosso relacionamento com o pecado. Nosso velho homem foi crucificado (Rm 6.6), o pecado não tem domínio sobre nós (v. 14). Isto não significa "que uma parte nossa chamada 'velha natureza' foi substituída com outra substância chamada 'nova natureza'". Paulo não está falando de *partes*. Ele está falando de *posição*. O velho homem é o que éramos "em Adão" (conf. 5.12-21). Morte, pecado, castigo, transgressão – tudo isso faz parte do time "em Adão". Agora nós vestimos a camisa do "em Cristo". União com Cristo é semelhante a ser colocado numa equipe de futebol de primeira divisão sem qualquer talento seu que o mereça. Embora você não tenha obtido sua entrada no time por merecimento, agora você veste a camisa e você deseja jogar como um verdadeiro jogador de futebol.

Ou, para me valer de outras analogias:

- União com Cristo é como ser libertado de uma prisão asquerosa. Você costumava se encolher em sua cama porque quando alguém passava você não queria apanhar. Você repassava revistas masculinas pelas grades para outras celas. Você ameaçava e intimidava outros para ser o primeiro a comer o grude. Mas uma vez fora, você não age mais assim. Você se encontra num mundo diferente.
- União com Cristo é como um menino de dez anos de idade se recusando ser chamado de "garotinho" por seus amigos. Ele sabe que não é mais um garotinho. É um menino. Por isso começa a agir como adulto.
- União com Cristo é como um aluno chegar à faculdade a cavalo, descarregar a pena e o vidro de tinta, ascender várias velas, procurar se comunicar por código Morse, apenas para perceber que está no século errado. Todos nós ficaríamos assustados em conhecer um aluno de faculdade assim. Ele precisa começar a viver na era adequada.

É claro que as analogias são imperfeitas. Não levam em conta a forma que Jesus nos transforma de dentro para fora, mas mesmo como exemplos imperfeitos eles captam o argumento de Paulo em Romanos 6. Paulo não está usando a união com Cristo para promover pegadinhas mentais tipo Jedi com a igreja de Roma ("estes não são os pecados que vocês têm buscado"). Em lugar disso, ele queria que eles soubessem e considerassem tudo que era verdadeiro a respeito deles em Cristo (Rm 6.9, 11). A identidade deles, assim como a sua, foi alterada. Você agora joga num time diferente. Você vive numa era diferente. Você pertence a uma realidade diferente. Você é chamado por um novo nome. *Portanto,* não deixe que o pecado reine em seu corpo mortal (v. 12). Não apresente os membros de seu corpo como instrumentos de injustiça (v. 13). Em lugar disso, ofereça-se a Deus como escravo da justiça, rumando para a santificação (v. 19).

A Bíblia é realista quanto à santificação. Não pense que todo esse papo glorioso sobre morrer para o pecado e viver para Deus significa que não há mais luta e que o pecado jamais voltará à vida do crente. A vida cristã ainda requer obediência. Ainda envolve uma batalha. Mas é uma batalha que venceremos. Você tem o Espírito de Cristo em seu *corner*, massageando seus ombros, segurando o balde, colocando seu braço em seu ombro e dizendo que em seu próximo round contra o pecado "você vai levá-lo à lona, rapaz". O pecado talvez consiga uns bons *jabs*. Pode até emparelhar a luta de vez em quando. Talvez chegue a conseguir que você ajoelhe. Mas se você está em Cristo ele nunca haverá de nocauteá-lo. Você já não é seu escravo, você está livre. O pecado não tem mais domínio sobre você. Não tem como. Não haverá de conseguir. Um novo Rei está assentado sobre o trono. Você serve a um Mestre diferente, agora. Você bate continência a um novo Senhor.

Com efeito, Deus diz para você: "Já que você crê em Cristo, pelo Espírito Santo eu te uni a Cristo. Quando ele morreu, você morreu. Quando ele ressuscitou, você ressuscitou. Ele está no céu, portanto, você está no céu. Ele é santo, portanto, você também é santo. Sua posição agora, falando objetiva e efetivamente, é de filho santo e amado de Deus, morto para o pecado, vivo para a justiça, e assentado num santo céu – portanto, viva à altura disso tudo". É assim que os indicativos e imperativos cooperam em união com Cristo. É uma longa forma de dizer "seja quem você é".

Capítulo Oito

OS SANTOS E A IMORALIDADE SEXUAL

Tenho procurado com todo empenho evitar o tipo de constante humilhação que as pessoas esperam, quando se fala sobre santidade. É muito fácil chicotear as pessoas por não orarem o suficiente, por não memorizarem versículos suficientes ou por não se importarem suficientemente com os pobres. É comum quem prega ser bastante apto para transformar cada mensagem num discurso a respeito de quão distante da santidade de Deus você se encontra. Mas escrevi este livro para acender suas esperanças quanto à santidade, não para deixá-lo de cabeça baixa.

E ainda assim, quando existe comprometimento com o mundo, é preciso que haja convicções. Precisamos passar pela árdua tarefa de analisar nossa vida e enxergar que podemos estar em descompasso com as Escrituras. Este é o objetivo deste capítulo. O propósito, entretanto, não é para lhe afundar, mas para lhe encorajar no caminho de Deus, de forma que você possa seguir a vontade de Deus e viver de acordo com sua Palavra.

Este capítulo diz respeito à imoralidade sexual. Dá para se concluir isso do título. E você bem sabe, por viver neste mundo, que a imoralidade sexual é um problema pra lá de grande! Não preciso lhe convencer de que vivemos numa cultura mergulhada em sexo. Vemos isso nas lojas, na música, nos esportes, nos outdoors, na praia, na tela do cinema, no You Tube, na TV a cabo, em seu iPhone, no shopping, nos catálogos de compras, nas revistas automotivas, em praticamente todo lado para onde nos voltamos. Mas este capítulo não visa falar sobre a cultura *lá fora*. Diz respeito a nós *aqui* – trata de como nós cristãos estamos nos saindo, o que estamos vendo, e o que nem sabemos que estamos fazendo ou vendo.

No Antigo Testamento, quando um bom rei assumia o trono de Israel ou Judá, ele se livrava dos ídolos da terra e das falsas religiões. E Deus se comprazia. Mas com frequência, mesmo entre os bons reis, a despeito de muito progresso, "os altares idólatras não foram removidos" (1 Re 15.14; 22.43; 2 Re 12.3; 14.4; 15.4, 35). Esses eram os vários locais em Israel onde se oferecia sacrifícios e rituais – do tipo que outras nações praticavam. Os altares idólatras (ou lugares altos) eram um símbolo do comprometimento de Israel. Os altares idólatras estavam tão encravados na cultura, que pareciam coisa normal, a ponto de até os bons reis nem pensarem em removê-

-los. Ou se o pensassem, ainda assim não exibiam a coragem para agir conforme suas convicções. Os altares idólatras eram pontos cegos. O povo não conseguia enxergar o que representavam. Eram tão comuns, tão presentes, tão de acordo com o manter as coisas do jeito que estavam e fazer vistas grossas, que os reis não os derrubaram e as pessoas não pararam de prestar seu culto neles.

Imoralidade sexual é um de nossos altares idólatras. Temo que nós – e existe um "eu" nesse "nós" – não temos olhos para enxergar o quanto o mundo já nos fez encaixar no seu molde.

Se pudéssemos transportar cristãos de qualquer outro século que nos antecedeu para ver os países "cristãos" do Ocidente de hoje, penso que o que mais os surpreenderia (além de nossa fenomenal fartura) seria como os cristãos se portam em casa quanto à impureza sexual. Ela não nos choca mais. Não nos deixa perturbados. Não ofende nossa consciência. Aliás, a menos que seja algo realmente ruim, a impureza sexual parece normal, apenas um estilo de vida, e, frequentemente simples entretenimento.

Isso se distancia bem de como a Bíblia encara o pecado sexual. Se você voltar para a lista de vícios, verá que cada uma delas cita a imoralidade sexual. Via de regra, quando o apóstolo Paulo relaciona comportamentos não convenientes para cristãos, a imoralidade sexual encabeça a lista (Rm 1.12; 1 Co 6.9; Gl 5.19; Ef 5.3; Cl 3.5). Ao mudar das trevas para a luz, uma das primeiras coisas que os convertidos gentios precisavam acatar era uma ética sexual radicalmente diferente.

Mas o que tudo isso tem de ligação com o capítulo anterior e a união com Cristo? Vamos nos concentrar em duas passagens bíblicas e verificar como os padrões de Deus para a pureza sexual podem ser mais elevados que você imagina, e como a doutrina de união com Cristo pode ser mais útil que você possa imaginar.

FUJA, Ô MEU, FUJA!

Vamos começar com 1 Coríntios 6.12-20:

> ¹² "Tudo me é permitido", mas nem tudo convém. "Tudo me é permitido", mas eu não deixarei que nada domine. ¹³ "Os alimentos foram feitos para o estômago e o estômago para os alimentos", mas Deus destruirá ambos. O corpo, porém, não é para a imoralidade, mas para o Senhor, e o Senhor para o corpo. ¹⁴ Por seu poder, Deus ressuscitou o Senhor e também nos ressuscitará. ¹⁵ Vocês não sabem que os seus corpos são membros de Cristo? Tomarei eu os membros de Cristo e os unirei a uma prostituta? De modo nenhum! ¹⁶ Vocês não sabem que aquele que se une a uma prostituta é um corpo com ela? Pois, como está escrito: "Os dois serão uma só carne". ¹⁷ Mas aquele que se une ao Senhor é um espírito com ele.
>
> ¹⁸ Fujam da imoralidade sexual. Todos os outros pecados que alguém comete, fora do corpo os co-

mete; mas quem peca sexualmente, peca contra o seu próprio corpo. ¹⁹ Acaso não sabem que o corpo de vocês é santuário do Espírito Santo que habita em vocês, que lhes foi dado por Deus, e que vocês não são de si mesmos? ²⁰ Vocês foram comprados por alto preço. Portanto, glorifiquem a Deus com o corpo de vocês.

A ideia central deste trecho encontra-se no v. 18: fujam da imoralidade sexual. O que pede a pergunta: o que, exatamente, é imoralidade sexual? A palavra que Paulo usa para pecado sexual é o termo comum no Novo Testamento. É a palavra grega *porneia*. Refere-se à categoria mais ampla de pecados sexuais e abrange mais do que simplesmente adultério (conf. Mt 5.32, onde Jesus se utiliza de *moicheia* para retratar adultério e *porneia* para uma categoria mais ampla de imoralidade sexual). Conforme observa um comentarista, o termo "pode ser encontrado na literatura grega referindo-se a uma variedade de práticas sexuais ilícitas, incluindo adultério, fornicação, prostituição e homossexualidade. No Antigo Testamento, ela ocorre para descrever qualquer prática sexual fora do casamento entre um homem e uma mulher, prática esta proibida pelo Torah".[1] Semelhantemente, o principal léxico Grego define *porneia* como sendo "relação sexual ilícita, prostituição, falta de castidade, fornicação".[2]

---

[1] James R. Edwards, *The Gospel according to Mark* (Grand Rapids, MI: Eerdmans, 2002), pág. 213.
[2] Walter Bauer et al., *Greek-English Lexicon of the New Testament and Other Early Christian Literature*, 3a. edição (Chicago: University of Chicago Press, 2000).

A forma mais simples de se entender *porneia* é pensar acerca das coisas que lhe deixariam furioso(a) e emocionalmente arrasado(a), caso descobrisse que alguém as estivesse praticando com sua esposa ou com seu marido. Se alguém apertasse a mão de sua esposa num cumprimento, você não ficaria arrasado. Se alguém desse um abraço não de corpo inteiro em seu marido, você provavelmente não se deixaria grilar. Um beijo na bochecha e até uma "bicota" nos lábios, em algumas culturas, pode até ser apropriado. Mas se você descobrisse que alguém teve relações sexuais com sua esposa, ou a viu nua ou tocou certas partes de seu corpo, você subiria a serra! Se você descobrisse que alguém "ficou" com seu marido, ou falou sobre atividades sexuais, ou esboçou certos gestos, você se sentiria devastada. Por quê? Porque todas as atividades descritas que são próprias para um casal casado são inadequadas quando praticadas fora de um relacionamento lícito entre um homem e uma mulher no casamento. Qualquer atividade sexual entre quem não está casado, ou entre dois homens, ou entre duas mulheres, ou entre mais de duas pessoas casadas, ou entre membros da mesma família, ou entre pessoas casadas com outros - qualquer atividade sexual nesses contextos é pecado e pode estar incluída nas proibições contra a *porneia*. Em linguagem simplificada, imoralidade sexual, conforme Jesus e Paulo e todos os escritores bíblicos a entenderam, é atividade sexual fora do casamento.

É com relação a tudo isso que Paulo diz "fujam". Não arrazoe com pecado sexual, simplesmente fuja. Não se aventure.

Não examine. Não "se encontre". Não ponha à prova sua determinação. Não brinque. Só fuja. Devemos evitar os erros do homem insensato de Provérbios 7 que passou o tempo ao redor da imoralidade sexual, ouviu sua melodia cativante, seguiu-a pela cidade, e acabou perdendo sua vida. Deus não nos pede que nos familiarizemos com a imoralidade sexual no telão, na TV, na tela do *smart phone* para poder se dedicar à cultura. Ele ordena que caiamos fora.

MEMBROS DE CRISTO

Em 1 Coríntios 6.12 nós encontramos Paulo respondendo a um dos chavões prediletos dos Coríntios. Aparentemente, eles gostavam de declarar que "todas as coisas me são lícitas". Tinham orgulho de sua liberdade cristã. Ainda assim, Paulo explica que mesmo as "coisas lícitas" não são lícitas se nos escravizarem. Ao examinarmos as áreas cinzentas de nossa vida cristã, precisamos ir além do simples procurar por um versículo que condene explicitamente a prática em questão. Precisamos nos utilizar de questionamentos mais abrangentes, como o do versículo 12. Precisamos perguntar, por exemplo, se a masturbação nos "ajuda" a glorificarmos a Deus (1 Co 10.31) ou se ela nos escraviza a hábitos que não conseguimos romper.

O que é particularmente instrutivo (e desafiador, além de conferir esperança) nesse texto é a ênfase que Paulo coloca sobre nossa identidade com Cristo. Hoje em dia é popular pensar que nosso corpo pertence a nós mesmos: "Ninguém pode me dizer o que faço com o *meu* corpo!" Aliás, nada em nossa cultura é mais essencial à nossa identidade como seres humanos que a liberdade de nos expressarmos sexualmente e usarmos nossos corpos como bem entendemos. Mas Deus diz que o corpo pertence a ele, não a nós. Somos templos do Espírito Santo (1 Co 6.19) e membros de Cristo (v. 15). O corpo não mais existe para autogratificação, mas glorificar a Deus (v. 20). Fomos comprados por preço e pertencemos a Cristo.

Isso pode soar como servidão – "Agora tenho de fazer o que Deus quer". E é fato que amar a Deus significa viver conforme seus mandamentos. Mas pertencer a Cristo significa liberdade, não escravidão. Não pense em cristianismo como sinônimo de *ter* de fazer o que um Deus rabugento deseja. Pense no cristianismo como agora sendo *capaz* de fazer o que um Deus bom exige. Através da união com Cristo somos capacitados para a santidade. O mesmo Deus que ressuscitou Jesus dentre os mortos haverá de nos ressuscitar para vivermos para o Senhor e não para o nosso corpo (vs. 13-14). Esse é um dos presentes de estarmos unidos com Cristo. União com Cristo significa o poder de Deus existente para nós, operando em e através de nós.

União com Cristo também significa responsabilidade moral. Veja 1 Coríntios 6.15. A linguagem de Paulo é cautelosa, mas seu argumento é um tanto quanto indecoroso. Já que pertencemos a Cristo, somos membros de seu corpo. Portanto, quando nos envolvemos com imoralidade sexual – seja prostituição, como Paulo cita, ou adultério, ou sexo antes do casamento, ou qualquer outro tipo de pecado sexual – é como se os membros de Cristo estivessem se envolvendo em pecado sexual. Dizendo isso com todas as letras, se você sair com uma prostituta, é como se você estivesse arrastando Cristo para a cama com ela, também. Quando você coloca sua fé em Cristo, você se torna um só espírito com ele (v.17). Portanto, quando você coloca seus órgãos sexuais onde não fazem parte, você está colocando o Senhor Jesus onde ele não faz parte.

Pecado sexual é terrível porque é um pecado contra seu próprio corpo *e* pecado contra o corpo de Cristo do qual você é membro. Se você não consegue conceber Jesus com uma prostituta ou curtindo pornografia, ou galinhando, então você não deve se imaginar em circunstâncias assim. Você pertence a Cristo. Mais do que isso, você foi *unido* com ele. Se o corpo dele é puro, o seu também deveria ser.

SANTIDADE NUM MUNDO DE SEXO CASUAL

Antes de entrarmos no segundo texto, voltemos à definição de *porneia* e procuremos aplicá-la a uma área bastante questionada da vida cristã: a do relacionamento de namoro[3]. Eu desejo entrar de cabeça em terreno que anjos temem pisar e tentar responder à antiquíssima pergunta "até onde podemos chegar"?

---

3 NT: É bom termos em mente que o autor, ao falar em "namoro" (tradução utilizada na falta de uma palavra melhor) está descrevendo um costume norte-americano de "sair com uma pessoa". Diferentemente do costume mais brasileiro do namoro – pensando em termos de décadas atrás – o americano tinha o costume de convidar a garota por quem se interessava para sair e jantar, talvez ir a um cinema, com o intuito de ver se "dava liga", mas não com o interesse sexual hoje existente. Com o passar do tempo e a relativização dos conceitos isso foi se transformando em uma prática em que rapazes e moças chegam a interações sexuais casuais, antes mesmo de se conhecerem.

Conforme citei no capítulo 3, minha esposa e eu tivemos dificuldades em estabelecer limites para nosso relacionamento físico enquanto namorávamos, e depois, durante o noivado. Procuramos conselho de muitos cristãos a quem respeitávamos e recebemos uma gama de opiniões diferentes sobre o assunto – tudo desde "não faça nada" até "tente quase tudo". Em geral, o que basicamente nos diziam era "não façam sexo e estabeleçam limites, mas o que esses limites devem ser fica entre vocês dois e o Senhor".

Conseguimos estabelecer uma verdadeira miríade de limites. E violá-los também. Parte do problema era nosso domínio-próprio (principalmente o meu). Mas francamente, outra parte do problema era conseguir saber o que deveríamos controlar, especialmente quando estávamos no estranho limbo do noivado. Sabíamos que fazer sexo estava fora de cogitação, assim como estavam uma série de passos que iriam levar à prática do sexo. Mas ainda assim, isso deixava várias áreas cinzentas como sendo dentro dos limites. Pela graça de Deus éramos ambos virgens quando nos casamos. Mas preciso admitir que nem sempre fomos fiéis aos próprios padrões que estipulamos. E ainda assim, a questão toda ia além de simplesmente ter uma consciência castigada. Olhando para trás, também não chego a pensar que conseguimos nos manter nos limites do Senhor. Como o homem no relacionamento e como quem deve ser inteiramente culpado pelo esticar dos limites, assumo responsabilidade por aqueles pecados. Nós os confessamos a Deus há muito tempo.

Partilho tudo isso para que jovens que estejam lendo este livro saibam que eu me lembro bem de como é essa luta. Lembro-me da confusão e da vontade de vencer, e também da culpa. Certamente não sou modelo para ser seguido nesse sentido. Portanto, o que estou prestes a dizer talvez soe extremamente restritivo, especialmente vindo de alguém que já passou da época de seguir tal conselho. Mas eu bem que gostaria que alguém tivesse me dito que não precisa ser assim tão complicado. Quem sabe tenham até tentado, mas eu não dei ouvido.

Sei que não existe um versículo na Bíblia que trata da questão "até onde podemos chegar". Se tal versículo existisse, garanto que você já teria ouvido um estudo bíblico a respeito dele a esta altura. Não há como simplesmente abrir em Ezequiel capítulo 4 e ali encontrar um versículo para resolver a questão de uma vez por todas. Mas fato é que a Bíblia nos diz tudo que precisamos saber sobre a vida e a piedade. Há princípios que nos ajudam nessa tratativa.

Primeiro, o alvo principal em todos os relacionamentos é glorificar a Deus, e não nos achegarmos o máximo possível perto do limite do pecar. Não somos minimalistas da salvação, interessados em nos safar para fazer algo de nosso interesse. Queremos saber como agradar a Deus ao máximo, antes de nos casarmos.

Segundo, não despertem o amor antes da hora apropriada (Ct 2.7; 3.5; 8.4). Esses desejos de que estamos falando são intensos e, no contexto errado, constituem-se em forte tentação. Muitas pessoas piedosas acabaram envolvidas em toda sorte de coisas que jamais imaginaram que fariam. Você tem uma vida toda diante de você para entender as coisas, portanto, seja cuidadoso para não despertar paixões que ainda não possam ser legitimamente satisfeitas. É melhor errar por excesso de cautela. Jamais ouvi falar de um casal cristão se lamentando por tudo que não fizeram antes de se casarem.

Terceiro - e é aqui que as coisas parecerão uma contra-cultura radical a muitos crentes – você deveria tratar todos os cristãos com quem você não está casado(a) como seus irmãos e irmãs em Cristo. Esse é o argumento em cima do qual trabalham Gerald Hiestand e Jay Thomas em seu livro bastante útil *Sex, Dating, and Relationships (Sexo, Namoro e Relacionamentos)*.[4] Eles argumentam que até nos casarmos deveríamos encarar os membros do sexo oposto no contexto do relacionamento em família. Sem dúvida, essa foi a abordagem de Paulo: "Não repreenda asperamente ao homem idoso, mas exorte-o como se ele fosse seu pai; trate os jovens como a irmãos; as mulheres idosas, como a mães; e as moças, como a irmãs, com toda a pureza (1 Tm 5.1-2). Portanto, jovens solteiros, qual é a aparência de pureza, pensando na sua irmã? Você seria capaz de "ficar" com ela? Beijá-la ardentemente? Ir para a cama com ela? De forma alguma! Ela é sua irmã!! Bom, então é isso: você tem nisso um padrão para com suas irmãs espirituais que lhe cercam. Cristãos não casados, a regra geral é a seguinte: não faça com outro rapaz ou garota o que você não faria com seu irmão ou irmã.

---

4 Gerald Hiestand e Jay Thomas, *Sex, Dating, and Relationships: A Fresh Approach* (Wheaton, IL: Crossway, 2012).

O que isto significa, portanto, quando o assunto é "namoro"? Para começo de conversa, não sou contra a palavra em si. Certamente não sou contra homens solteiros tomando a iniciativa de conhecer moças solteiras e de rumarem, com elas, de forma respeitosa, num caminho que aponta para o casamento. Sou totalmente a favor. Não se deixe perturbar por nomenclatura. Chame-o de fazer a corte, namoro, amizade intencional. O rótulo não é importante. Importante é entender que a Bíblia não possui o tipo de namoro em que as pessoas que não são casadas podem "tipo" agir de certa maneira como se fossem. Hiestand e Thomas estão certos quando dizem:

> Qualquer e todo tipo de atividade sexual [fora do casamento], mesmo quando pare antes de se tornar a expressão sexual mais intensa, está fora dos limites da ética sexual da Bíblia. Trata-se (temos como dizê-lo tão ousadamente?) de pecado. E tal tipo de atividade não é apenas pecaminosa em si; ela inevitavelmente conduz a uma frustração sexual e emocional, o que, por sua vez, gera mais tentação sexual. Trata-se de uma tempestade perfeita em que "oferecemos os membros de nosso corpo em escravidão à impureza e à maldade que leva à maldade" (Rm 6.19). Esta é uma realidade que, sem sombra de dúvida, vários de vocês podem atestar por experiência própria, e realidade que já vimos ocorrer tanto em nossas igrejas entre adolescentes e adultos solteiros que não mais nos surpreende.[5]

---
5 Ibid, pág. 41

Pense na definição que demos de *porneia*. Imoralidade sexual é atividade sexual fora do casamento entre um homem e uma mulher. É o tipo da coisa que nos tiraria do sério se surpreendêssemos nosso cônjuge ou pais fazendo com outra pessoa. E ainda assim, muitos cristãos não veem problema em fazer metade dessas coisas com alguém com quem não se encontram casados. Não se "fica" com quem é totalmente estranho. Não se "fica" com quem é amigo. Mas existe a disposição de ficar com quem se está namorando. Qual a diferença? "Bom, é que existe compromisso de um para com o outro", você me responde. Mas no fundo não existe compromisso. Casais de namorados podem terminar o namoro a qualquer momento – até mesmo durante o noivado, em nossa cultura – sem condições. O compromisso do namoro pode ser de exclusividade, mas certamente não é compromisso de permanência. E sem a promessa ou permanência, não é bem o que chamamos de compromisso.

Em suma, você não está casado até estar casado. E até estar casado, penso haver inferência suficiente vinda dos princípios bíblicos de que devemos nos manter afastados de toda atividade sexual – mesmo aquela que para antes de haver o ato em si. Buscar a santidade no mundo de interações sexuais casuais de hoje, no mundo de namoro barato, requer muita coragem e uma atitude nada terrena. Longos momentos de "ficar" (e mais) não são a forma de jovens rapazes tratarem "jovens moças como irmãs, em toda pureza" (1 Tm 5.2). Se for possível que você não se case com a mulher que está namorando, por que fazer com ela toda sorte de coisa com a futura esposa de outro homem, coisas que você terá dificuldade de esquecer uma vez que estiver casado? E se você está indo rumo ao casamento, em lugar de agir mais como casado que como solteiro, considere casar mais cedo para não ter que agir como solteiro por muito mais tempo.

NEM SEQUER MENÇÃO

A segunda passagem a analisar está em Efésios 5.3-12 e é tão confrontadora quanto a primeira:

> ³Entre vocês não deve haver nem sequer menção de imoralidade sexual nem de qualquer espécie de impureza nem de cobiça; pois estas coisas não são próprias para os santos. ⁴ Não haja obscenidade nem conversas tolas nem gracejos imorais, que são inconvenientes, mas, ao invés disso, ação de graças. ⁵ Porque vocês podem estar certos disto: nenhum imoral nem impuro nem ganancioso, que é idólatra, tem herança no Reino de Cristo e de Deus. ⁶ Ninguém os engane com palavras tolas, pois é por causa dessas coisas que a ira de Deus vem sobre os que vivem na desobediência. ⁷ Portanto, não participem com eles dessas coisas.
>
> ⁸ Porque outrora vocês eram trevas, mas agora são luz no Senhor. Vivam como filhos da luz, ⁹ pois o fruto da luz consiste em toda bondade,

justiça e verdade; ¹⁰ e aprendam a discernir o que é agradável ao Senhor. ¹¹ Não participem das obras infrutíferas das trevas; antes, exponham-nas à luz. ¹² Porque aquilo que eles fazem em oculto, até mencionar é vergonhoso.

De forma mais básica possível, vemos nesta passagem que imoralidade sexual é incompatível com vida de "reino"(v. 5). Pessoas que se entregam – sem reservas e sem arrependimento – a pecado sexual (e à cobiça, se esse é o assunto), não irão para o céu. Mas repare que Paulo não para com os simples afirmar que não devemos *praticar* essas coisas. O padrão da Palavra de Deus é mais alto. Imoralidade sexual, impureza, cobiça (especialmente, neste contexto, o desejo insaciável pelo corpo de outra pessoa) não devem nem ser *mencionado* entre vocês. A NVI usa a frase "nem sequer menção". Há não muito tempo atrás eu dirigia rumo ao meu trabalho, ouvindo um programa de entrevistas no rádio. O anfitrião do programa começou a dar as últimas "notícias" quanto uma de nossas celebridades mais ordinárias. Enquanto ele ria acerca dessas revelações fresquinhas de depravação moral, encontrei-me curioso e enojado ao mesmo tempo. Graças a Deus, eu trabalhava neste capítulo naqueles dias, portanto o enojar triunfou e eu mudei de estação. "Nem sequer menção" não nos permite nos divertirmos nas coisas que são escandalosamente não dignas de menção.

Da mesma maneira, o v. 4 fala contra obscenidade, conversas tolas, gracejos imorais, que são inconvenientes.

Os santos e a imoralidade sexual

Lembro-me, por volta da sétima série, quando certos colegas desenvolveram a capacidade de transformar qualquer coisa que era dita em algo ligado a sexo. Se a professora fizesse algum comentário sobre o giz no quadro-negro, a última fileira de garotos de doze anos dava risadinhas como um bando de bobalhões que morrem de cócegas. Era coisa tão ridícula, e eu ainda não faço ideia do que eles estavam pensando. Alguns adultos jamais se afastam desse tipo de gracejos imorais. É possível encontrá-los no vestiário, ou num barzinho, ou num retiro de jovens: mentes sujas despejando conversa vulgar com subentendidos, insinuações e duplos sentidos.

Estes versículos nos chamam às falas. O que eles têm em mente ao falarem de gracejos imorais? Que recado eles nos passam quanto à maneira de nos vestirmos? O que eles têm a dizer quanto aos programas de televisão que resolvemos assistir ou os filmes que vemos apenas para curtir ou os comerciais de cerveja que permeiam todos os eventos esportivos? Será que conseguimos justificar todas as insinuações, todas as coisas vergonhosamente secretas trazidas a plena luz, todo pecado sexual transformado em coisa corriqueira, atraente e divertida?

Uma coisa é descrever o mal ou até representá-lo. Eu jamais diria que a arte do escrever habilidoso ou de se fazer um filme bem feito deveria evitar o assunto de pecado. Há muitos filmes bem feitos, de bom gosto, até seriados de TV, peças teatrais, musicais e livros por aí – e os melhores geralmente lidam com o pecado. O pecado em si não é o problema. A própria

Bíblia está repleta de imoralidade malcheirosa. Seria simplista e moralmente insustentável – até mesmo não bíblico – sugerir que não podemos observar o pecado ou ler acerca do pecado sem pecar. Mas a Bíblia jamais provoca sexualmente em sua descrição do pecado. Jamais pinta o vício com cores de virtude. Jamais chega a se entreter com o mal (exceto para dele ridicularizar). A Bíblia não cauteriza a consciência fazendo com que o pecado nos pareça normal e a justiça pareça coisa esquisita. E não há imagens de decotes indecentes.

Precisamos escolher bem as coisas que optamos por colocar diante de nossos olhos. Se houvesse um casal em plena atividade sexual num sofá na sua frente, você puxaria uma cadeira para se assentar e assistir? Não, porque seria perverso, voyeurismo. Então, por que isso é diferente quando as pessoas gravam primeiro e você assiste depois? O que aconteceria se um rapaz bem apanhado ou uma garota vistosa se aproximasse de você na praia e dissesse: "Por que você não coloca sua toalha aqui do meu lado e fica me desejando durante algum tempo?" Você faria isso? Não, porque seria repugnante. Por que é aceitável, porém, quando as mesmas imagens são ampliadas no telão do tamanho de um prédio de três andares?

Se formos honestos, é comum procurar estarmos expostos à imoralidade sexual e à tentação à impureza e chamarmos isso de divertimento "inocente". Comentando acerca de Efésios 5.3, Peter O'Brien observa que, como cristãos, deveríamos não apenas nos afastar de todas as formas de imoralidade sexual, deveríamos também "evitar pensar e falar nessas coisas".[6] Se, conforme O'Brien observa, "falar e pensar em pecados sexuais 'cria uma atmosfera em que eles são tolerados e que pode... promover sua prática'",[7] como é que podemos pagar, gastar dinheiro para ver, saborear e rir de pecado sexual? Como é que podemos fitar a sensualidade que visa nos entreter e excitar, enfraquecendo nossa consciência e atenuando nosso senso de coisas espirituais (mesmo que esteja passando na TV a cabo e seja apenas classificada PG-13[8])? Precisamos considerar a possibilidade de que muito do que gente que frequenta igreja faz para relaxar não passaria numa revista do apóstolo Paulo. Isso sem falar em Deus.

Lembro-me certa noite no seminário em que vários de nós alunos nos reunimos para assistir ao terceiro filme de Indiana Jones, aquele sobre o Santo Graal. Se você assistiu, há de se lembrar de que, nesse episódio, Indiana Jones (Harrison Ford) luta contra homens perversos junto com seu pai (Sean Connery). A certa altura há uma fala surpreendente do Dr. Jones (pai) que revela que ele e seu filho haviam acabado de dormir com a mesma mulher, uma oficial nazista. A coisa tinha a intenção soar como algo engraçado, e a maioria dos seminaristas naquele recinto – homens e mulheres – deu boas gargalhadas. Mas um deles, mais velho e bastante respeitado (não era eu!) puxou a orelha da galera. "Gente, eles estão fa-

---

6 Peter T. O'Brien, *The Letter to the Ephesians* (Grand Rapids, MI: Eerdmans, 1999), pág. 360.
7 Ibid., pág. 361.
8 NT: Nomemclatura em Inglês de "Discrição Paterna, não sugerido para menores de 13 anos".

lando de fornicação e incesto. Na verdade, não é engraçado". Penso que a maioria ficou contrariada com esse tipo de puxão de orelha. Mas quanto mais me lembro daquele incidente, com o passar dos anos, mais dou razão àquele colega mais velho. Um homem e seu filho fornicando com a mesma mulher? Esse tipo de imoralidade não era nem tolerada entre os pagãos dos dias de Paulo (1 Co 5.1). Ele disse que os coríntios deveriam se entristecer muito, lamentar o que estava acontecendo na igreja de Corinto (v. 2). Mas nós rimos.

Queridos irmãos e irmãs, precisamos ser mais vigilantes. Com nossos filhos, nossas famílias, com nossas contas de Facebook, com nossos textos, nosso tuitar, com nossos olhos e coração. Será que somos diferentes do que a cultura ao nosso redor? Será que não fizemos uma falsa paz conosco mesmos, por meio da qual dissemos "nós não faremos as coisas que vocês fazem nem seremos sensuais como vocês são, mas de bom grado assistiremos vocês fazendo essas coisas em nosso lugar"? O tipo de coisa que Paulo nem ousava mencionar, o tipo de coisas sobre as quais não ousava fazer piadas, os comportamentos vergonhosos demais para serem sequer citados - nós ouvimos isso tudo nos enlatados estrangeiros, seriados de TV, novelas e assistimos isso no telão do cinema. Estamos diante de um mundanismo como tantos outros na vida cristã. Tente desligar a televisão e ficar distante de filmes, seriados e novelas durante um mês e veja que novas coisas boas você verá surgindo de volta. Sinto que muitos de nós ficamos entorpecidos ao veneno que estamos bebendo. Quando o assunto é imoralidade sexual, o pecado parece ser coisa normal e a justiça (em termos de valor espiritual) parece algo um tanto quanto alienígena, e acabamos nos parecendo com todos os demais à nossa volta.

DIGNOS DE UM REI

Esta é outra faceta de nossa santificação em que vale a pena conhecer nossa verdadeira identidade em Cristo. O contraste em Efésios 5.3-12 é claro. Os "que vivem nas trevas" e filhos da "desobediência" meditam e vivem ocupados com a imoralidade sexual. Andam na impureza porque são impuros. Por natureza, filhos das trevas fazem coisas vergonhosas às escondidas. Mas como cristãos, somos filhos da luz. Pertencemos ao reino de Cristo e de Deus. Somos santos, assim declarados em Cristo, e tornando-nos gradativamente [mais] santos por seu Espírito. Imoralidade sexual não é apenas algo errado para nós. Ela não nos serve. É imprópria. Em certo momento da vida, talvez tenhamos sido das trevas, mas agora somos luz no Senhor (v. 8). Portanto, por que voltar para as sombras da sensualidade, perversão e *porneia* insensata? Isso simplesmente não é quem nós somos.

Sei que é fácil ser excessivamente dogmático acerca de coisas que a Bíblia não trata diretamente, como filmes e música, namoro e forma de vestir. Precisamos permitir que bons cristãos tomem decisões diferenciadas para si mesmos. Não quero minimizar a realidade da liberdade cristã e o papel da consciência. Mas se você está em Cristo, considere, por favor, se sua consciência está funcionando tão bem quanto deveria. O mundo não nos é amistoso em nossa luta à busca de pureza sexual. Nós inalamos diariamente um ar sexualizado, somos bombardeados com imagens sexuais, e somos levados a crer que a sexualidade define quem somos. O sexo vende, e mesmo os cristãos que "esperam" até o casamento e confessam suas lutas para parceiros de prestação de contas estão propensos a comprar as guerras mundiais de sexo na Internet, numa bilheteria de cinema, no shopping, e através de milhares de outros meios. A imoralidade sexual está por toda parte para vermos, e pouquíssimos de nós, com a mente de Cristo, estamos nos preocupando em fechar os olhos.

UM PÓS-ESCRITO PASTORAL

Este capítulo pegou pesado na exortação e fez pouco para consolar. E isso foi intencional. Penso que estamos confortáveis demais na sensualidade e no pecado sexual. Muitos cristãos precisam de grito de alerta.

Mas sou pastor há tempo suficiente para saber que irmãos e irmãs, ao lerem este capítulo, devem estar se sentindo bem mal com relação a seus pecados sexuais. Eles odeiam a pornografia que amam. Eles abominam a masturbação de que não conseguem se livrar. Lamentam todas as coisas que fizeram e viram com o passar dos anos. Quando o assunto é sexo, alguns cristãos se sentem imediatamente sujos, podres e sem esperança. Se minhas palavras ferem, é apenas porque meu desejo maior seja o de curar. Não importa quão arraigados os padrões do pecado, eu lhe digo na autoridade da Palavra de Deus: sua situação não é de desesperança. Com o Evangelho há sempre esperança de purificação. Com o Espírito sempre existe esperança de poder. Com a Palavra de Deus sempre reside esperança de santidade.

Se você morreu com Cristo, será que não será ressuscitado com Cristo (Rm 6.4-8)? Se você foi crucificado com Cristo, não é a pessoa de Cristo – com todo seu poder purificador – que habita em vocês (Gl 2.20)? E se Deus não poupou seu próprio Filho, mas o entregou em seu lugar, quão mais graciosamente ele não lhe entregará todas as demais coisas (Rm 8.32)? Deus pode lhe perdoar (novamente). Deus pode lhe capacitar (mais). E Deus pode lhe transformar, mesmo que seja lentamente, hesitantemente, e dolorosamente de um pequenino grau de glória até o próximo.

Capítulo Nove

PERMANECER E OBEDECER

Vimos no capítulo 3 que santidade é ser *como* Cristo. Vimos no capítulo 7 que ser como Cristo é possível apenas para aqueles que estão *em* Cristo. Agora eu gostaria de voltar o diamante da santificação para outra faceta e argumentar que aqueles que estão em Cristo deveriam fazer seu alvo ser o crescer em comunhão *com* Cristo. Precisamos sempre nos lembrar de que ao buscarmos santidade, não estamos tanto atrás de uma coisa quanto estamos à busca de uma Pessoa. As bênçãos do Evangelho – eleição, justificação, santificação, glorificação, e tudo mais – foram depositadas em nenhum outro tesouro senão Cristo.[1]

---

[1] João Calvino escreve, em um de seus melhores capítulos que você jamais lerá, "Portanto, visto que nossa salvação inteira, em todas as suas várias partes, é compreendida em Cristo [Atos 4.12], tomemos cuidado para não esperar a mínima partícula dela de qualquer outra fonte. Se procuramos a salvação, o próprio nome de Jesus nos lembra que a salvação vem dele [1 Co 1.30]; se quais dons do Espírito, eles fluem da sua unção; se força, é achada no seu governo; se pureza, em sua concepção; se gentileza, brota de seu nascimento. Pois por seu

Não queremos apenas santidade. Queremos o Santo em quem fomos considerados santos e em quem agora estamos sendo tornados santos. Correr "suando pesado" atrás de santidade é outra forma de correr "suando pesado" atrás de Deus. Assim como a justificação objetiva e de uma-vez-por-todas conduz a um crescimento lento e a uma santificação subjetiva, da mesma forma nossa união *imutável* com Cristo conduz-nos a uma *comunhão* sempre crescente com Cristo.

UNIÃO E COMUNHÃO

Vários anos atrás nossa igreja adotou uma nova Declaração de Fé. Em um dos artigos falamos acerca da "união" e da "comunhão" com Cristo. Um membro astuto nos perguntou se os conceitos não eram redundantes – "união" e "comunhão", na verdade não dizem a mesma coisa? Sim, são correlatos; mas não são sinônimos. *União com Cristo* é a obra irrevogável do Espírito. Uma vez unidos, nada pode nos separar de Cristo. Nada pode nos fazer um pouco mais ou um pouco menos unidos. União com Cristo é algo inalterável. *Comunhão com Cristo,* por outro lado, pode ser afetada pelo pecado e por nossa apatia à graça de Cristo. É como no casamento: não há como estar

---

nascimento, ele foi feito semelhante a nós em todas as coisas [Hb 2.17] a fim de que se compadecesse de nós [Hb 5.2]. Se [buscamos] redenção, é achada em sua paixão; se absolvição, na sua condenação; se livramento da maldição, na sua cruz [Gl 3.13]; se satisfação, em seu sacrifício; se purificação, em seu sangue; se reconciliação, em sua descida ao inferno; se mortificação da carne, no seu sepultamento; se novidade de vida, em sua ressurreição; se imortalidade, na mesma; se herança no Reino Celestial, em sua entrada no céu; se proteção, segurança, suprimento abundante de toda bênção, em seu Reino; se expectativa confiante de não juízo, no poder dado a ele para julgar. Em suma, já que todo estoque de toda espécie de coisa boa sobeja nele, bebamos nossa porção de sua fonte e de nenhuma outra" (Institutas 2.16.19).

mais ou menos casado (união), mas há como se ter um matrimônio mais forte ou fraco (comunhão). Nosso relacionamento com Cristo também pode se aprofundar quando atendemos aos meios da graça divinamente designados. Ou, colocando o assunto de forma, digamos, paradoxal, nós que desfrutamos de comunhão salvadora *em* Cristo devemos cultivar uma comunhão crescente *com* Cristo. Conforme disse Calvino, "Não apenas [Cristo] apega-se a nós por um elo indivisível de comunhão, mas com uma maravilhosa comunhão, dia a dia, ele cresce mais e mais em um único corpo conosco, até que se torne completamente um conosco". [2]

Não desejo repisar este ponto, mas é importante que entendamos que a comunhão com Cristo é atribuída à união com Cristo e não ao contrário. Algumas tradições místicas e contemplativas enfatizam comunhão com Cristo sem darem a devida atenção a como fomos primeiramente unidos a Cristo pela fé. O chamado do Evangelho não começa com um convite para meditarmos em Cristo ou nos lançarmos aos braços de Deus. O Evangelho anuncia a Cristo e aí nos diz para confiar em sua pessoa e obra. Conforme destaca Sinclair Ferguson, "Contemplação não é meio de salvação; expiação sim".[3] Não podemos contornar as categorias apostólicas centrais da encarnação, redenção, substituição, propiciação, reconciliação, e justificação e irmos diretamente para a comunhão com

---

2 *Institutas* 3.2.24
3 Sinclair Ferguson, "The Reforme View", em *Christian Spirituality: Five Views of Sanctification*, editado por Donal L. Alexander (Downers Grove, IL: IVP Academic, 1988), pág. 195.

Deus. A intimação do Evangelho não é para que meditemos ou contemplemos, mas para nos arrependermos e crer. Apenas através desse exercício de fé é que temos união com Cristo. E a partir dessa união é privilégio e responsabilidade nossa buscar comunhão mais profunda com Cristo.

Em sua brilhante obra, *Comunhão com Deus* (1657), John Owen emprega quatrocentas páginas para desembrulhar o assunto de como podemos ter comunhão com cada pessoa da Trindade. A comunhão especial do Pai conosco é amor; a comunhão do Filho é graça; e a comunhão do Espírito é a consolação. O livro demonstra exaustivamente que "comunhão" é um tema bastante abrangente e complicado. Mas graças a Deus, por trás da densa prosa de Owen encontra-se a tese central e relativamente simples de que comunhão com Deus consiste em "relações mútuas" entre Deus e nós.[4] Portanto, quando falo de comunhão com Cristo, quero dizer um fortalecimento de nosso relacionamento com ele. À medida que nossa comunhão se aprofunda, desfrutamos de mais doce comunhão e interação com ele. Crescemos no conhecimento dele e em afeição por ele, e experimentamos o seu amor e afeição por nós de forma mais rica. E mais significativamente (isto é, para nós), à medida que aprofundamos a comunhão com Cristo – enxergando e saboreando de sua graça mais e mais a cada dia – também obedecemos a Cristo mais completa e livremente.

---

4 Kelly M. Kapic, "Worshiping the Triune God: The Shape of John Owen's Trinitarian Spirituality", em *Communion with the Triune God*, editado por Kelly M. Kapic e Justin Taylor (Wheaton, IL: Crossway, 2007), pág. 20.

OBEDECENDO AOS MANDAMENTOS, SEGUINDO EM AMOR

É tentador enxergarmos a comunhão com Cristo e a busca da santidade como abordagens opostas na vida cristã. Dá até para imaginarmos um grupo de cristãos batendo na tecla do relacionamento pessoal com Jesus e outro grupo respondendo: "Não, não! A coisa toda diz respeito a obedecer a Jesus". Um grupo dirá que o outro é legalista, enquanto o outro bando de cristãos dirá que o primeiro grupo está enredado em besteira subjetiva.

Mas fato é que a Bíblia não nos permite tal divisão entre comunhão com Cristo e obediência a Cristo. Aliás, é difícil diferenciar uma ação da outra. Em João 15, Jesus diz aos discípulos: "Permaneçam em mim, e eu permanecerei em vocês" (João 15.4). "Eu sou a videira" Jesus declara, e "vocês são os ramos. Se alguém permanecer em mim e eu nele, esse dará muito fruto; pois sem mim vocês não podem fazer coisa alguma" (v. 5). Cristo permanece em nós, e nós precisamos permanecer nele. Mas como é que permanecemos em Cristo? Os vs. 9-11 explicam que permanecemos nele, obedecendo-o. Se obedecemos aos mandamentos de Cristo, permaneceremos em seu amor (v. 10). Este habitar mútuo – Cristo em nós e nós em Cristo – não pode ser desconectado de santidade pessoal. D. A. Carson coloca o assunto muito bem: "Deus permanece entre seu povo e nele ao renová-los com sua vida, com seu Espírito, e ao fazer sua presença conhecida neles e entre eles (conf. 14.16, 23); eles permanecem nele por obedecer a seus mandamentos".[5]

---

5 D. A. Carson, *O Comentário de João* (São Paulo, SP: Shedd Publicações Ltda., 2007), pág. 517.

É claro que devemos tomar cuidado em não impor uma ordem estritamente temporal entre permanecer e obedecer. Se o fizermos, cometeremos o erro de pensar que precisamos obedecer antes de podermos permanecer. Ou, tão complicado quanto, nos enredaremos completamente procurando permanecer de todo nosso coração antes de começarmos a obedecer. A realidade é que as duas coisas são, na prática, sinônimas. Obedecemos enquanto permanecemos e permanecemos enquanto obedecemos. Crentes frustrados com a vida cristã precisam ser relembrados que só darão fruto quando conectados à Videira. Sem Jesus, nada podem fazer (vs. 5-6). De forma semelhante, crentes preguiçosos precisam ser relembrados de que se quiserem levar a sério o permanecer no amor de Cristo e experimentar a tal da vida abundante, precisam levar a sério a obediência aos mandamentos do Pai (vs. 10-11). Comunhão com Cristo não existe sem que haja fidelidade a Cristo.

Vemos tal conexão tão claramente nas cartas de João quanto a vemos no seu Evangelho. Se permanecermos em Cristo precisamos andar da mesma forma que ele andou (1 João 2.6). Ninguém que permanece em Cristo segue pecando (3.6). Quem não ama não tem vida eterna presente nele (3.15). Quem obedece aos mandamentos permanece em Deus e Deus nele (3.24). Se nos amarmos mutuamente, Deus permanece em nós e nós nele (4.12, 16). Conforme já vimos, João não está dizendo que precisamos ser moralmente impecáveis. Há um Advogado a quem podemos correr à busca de perdão (1.9; 2.1).

Mas ter segurança em Cristo não é desculpa para sermos arrogantes quando nossa vida é marcada por desobediência apática (ou insolente!). O verbo "permanecer" ocorre mais nos escritos de João que em todo o restante do Novo Testamento. Ele deseja que vejamos que comunhão com Cristo é maravilhosamente possível nesta vida e na próxima. Mas essa comunhão precisa ser comprovada na prática.[6] Uma completa indiferença pela santidade é sinal de que não temos comunhão com Cristo e não estamos nele. De modo inverso, caminhar com Cristo e desfrutar comunhão com ele implica em caminharmos como Cristo andou e em guardar seus mandamentos.

QUATRO PRÁTICAS VISANDO A UNIDADE COM CRISTO

Se a comunhão com Cristo é essencial à santidade, deve resultar em santidade, e por vezes parece virtualmente idêntica à santidade, faremos bem em considerar como aprofundar essa comunhão. Ou, em outras palavras, se a união com Cristo significa ser nosso privilégio e responsabilidade buscar a comunhão com Cristo, o que podemos, na prática, fazer para enriquecer essa comunhão?

Parte da resposta é "nada". Não fazemos nada. Mas Deus realiza muito para nós, em nós e através de nós. Nossos sentimentos variam, ora lá em cima, ora lá em baixo. Nosso senso de proximidade de Deus varia. Mas Deus sempre está lá. Ele tem

---

[6] Veja Rudolf Schnackengurg, *The Johannine Epistles: A Commentary* (New York: Crossroad, 1992), pág. 103.

uma forma de nos santificar independentemente de nosso esforço consciente. Ele, sem alarde, traz eventos e condições para dentro de nossa vida que nos humilham, purificam, e nos atraem a Cristo. Frequentemente Deus se utiliza do sofrimento para aparar nossas arestas e romper nossa veia de independência. Talvez não estejamos cônscios de quaisquer padrões em especial que nos conduziram a Cristo, mas no decorrer dos anos podemos de fato constatar que nosso amor por Jesus está mais forte, nosso relacionamento com ele mais firme, e nosso senso de sua presença mais firme. Até mesmo em momentos tenebrosos e épocas áridas, descobrimos que Deus esteve trabalhando o tempo todo. Ao pensarmos em nossa comunhão com Cristo, jamais podemos imaginar que Cristo esteja escondido num cantinho, aguardando que rompamos sua casca grossa, esperançoso que prestemos atenção nele. Ele está constantemente se aproximando, nos cortejando, falando, suplicando, movendo-se em nossa direção, batendo à porta (Ap 3.20).

Se parte da resposta é "nada", a outra parte da resposta deve ser "alguma coisa". Verdade, Cristo opera, geralmente de forma imperceptível, sem nossa participação consciente, para nos atrair a si. Mas também temos um papel a desempenhar. Como em qualquer relacionamento, há certas práticas que devemos desenvolver e trabalhar nelas arduamente se quisermos crescer na comunhão com Cristo.

1. *Buscamos comunhão com Cristo através da oração.* É simples demonstrar através da Bíblia que precisamos

orar. Jesus tornou o orar uma prioridade em sua vida (Mc 1.35). Ele ensinou seus discípulos como orar (Mt 6.5-13). Somos admoestados a "dedicar-nos à oração" (Cl 4.2) e até a "orarmos continuamente" (1 Ts 5.17). Se existe algo em que todos os cristãos concordam, é que Deus quer que oremos.

E se existe outra coisa em que os cristãos concordam é que se sentem culpados por não orarem mais. Eu duvido que tenha havido um cristão que chegou ao final de sua vida e pensou: "Gente, estou feliz por não ter gasto mais tempo em oração". Todos sabemos que devemos orar e todos nós queremos orar – ou, pelo menos, queremos querer orar. Mas todos também sabemos, por experiência, que "deveríamos" não é suficiente para fazer com que oremos com maior frequência. O que falta é esse elemento da comunhão. Não basta bagunçar nossa resolução, colocar o despertador para quinze minutos mais cedo, e balbuciar através de alguns minutinhos de oração para podermos nos sentir bem em relação às nossas disciplinas espirituais. Precisamos entender que tempo empregado em oração é tempo investido com nosso Criador, Defensor, Redentor e Amigo. Comunhão é o objetivo, e não riscar um item de nossa lista diária de "coisas a fazer".

Considere duas exortações diferentes à oração. A primeira vem de William Law (1686-1781) em *A Serious Call to a Devout and Holy Life (Uma Convocação Grave a uma Vida Devotada e Santa)*:

Eu pressuponho que todo cristão que está saudável, acorda cedo toda manhã; pois é muito mais razoável pensar-se que uma pessoa acorde cedo, pois ele é um cristão, e porque ele é um trabalhador, um comerciante, ou um empregado, ou possui um negócio que requer sua presença...
Que isso nos ensine, portanto, a imaginar quão odiosa seja nossa aparência diante dos Céus, se estivermos na cama, aprisionados no sono e nas trevas, quando deveríamos estar louvando a Deus; e tais são escravos da sonolência, pois negligenciam sua devoção a ele.
Pois se ele deve ser responsabilizado como escravo preguiçoso, que escolhe a lenta indulgência do sono, em lugar de realizar sua parcela de trabalho terreno; quanto mais não deve ele ser repreendido, ele que prefere permanecer encolhido na cama, a estar elevando seu coração a Deus em atos de louvor e adoração!...
O sono é um estado tão enfadonho e idiota de existência, que mesmo entre simples animais, nós desprezamos os mais sonolentos.
Ele, portanto, que opta por alargar a preguiçosa indulgencia do sono, em lugar de madrugar em sua devoção a Deus, escolhe o mais enfadonho refazer do corpo; diante do emprego mais nobre, mais elevado da alma; ele opta pelo estado que é

repreensão para o simples animal, em lugar do exercício que se consiste na glória dos Anjos.[7]

Essa é uma forma de incitar o crente a orar. Eis uma outra, esta vinda de Thomas Goodwin (1600-1680):

> Comunhão mútua é a alma de toda verdadeira amizade; e uma conversa chegada com um amigo possui em si verdadeira doçura... (portanto) além do tributo comum de adoração diária que devemos a (Deus), aproveite para chegar à presença Dele com o propósito de com ele ter comunhão. Isso é algo verdadeiramente amigo, pois amizade é mantida principalmente e renovada por visitas; e estas, quanto mais livres e menos motivadas por negócios urgentes, ou solenidade... tanto mais amigas são... Costumávamos checar nossos amigos com essa reprimenda. "Você ainda (sempre) vem quando tem algum negócio a tratar, quando você virá para *me ver?* . . . Quando compareces na presença dele, diga-lhe o quanto tu o amas; empenhe-se para gerar uma abundância de expressões assim, que dizem ... nada melhor haver do que uma conversa com um coração de qualquer amigo.[8]

---

[7] William Law, *A Serious Call to a Devout and Holy Life* (ReadaClassic, 2010), págs 141-142.
[8] Citado por J. I. Packer, "The Puritan Idea of Communion with God", em *Puritan Papers,*

Que abordagem melhor se encaixa com você no longo prazo? William Law me deixa extremamente temeroso da teclinha soneca do celular. Thomas Goodwin me faz desejar orar. Quem não haveria de gostar da alegria de se aproximar de Deus? Quem não tem prazer de contar segredos, de conversar com um(a) amigo(a)? A oração, nesta vida, sempre será algo difícil e sempre exigirá disciplina, mas quando a vejo como meio de comunhão com Deus, a coisa está mais para "chegar a" do que um "ter que".

2. Buscamos comunhão com Cristo através da Palavra da Verdade. Anteriormente nós vimos em João 15 que permanecer em Cristo envolve obediência a Cristo. Na mesma passagem Jesus também faz a conexão de suas *palavras* com o permanecer. "Se vocês permanecerem em mim, e as minhas palavras permanecerem em vocês, pedirão o que quiserem, e lhes será concedido"(João 15.7). Reparem como as palavras de Cristo são sinônimas de sua Pessoa. Nós nos apoderamos de Cristo na medida em que suas Palavras se apoderam de nós. Habitação mútua requer mais que simples obediência. Também "envolve uma absorção crescente dos ensinamentos de Jesus" em nossa mente e nosso coração.[9]

É lamentável que alguns líderes de igreja e estudiosos gostem de envergonhar cristãos que têm a Bíblia em alta conta. "Nós adoramos a Jesus, não as palavras numa página" é como

---

Volume 2, 1960-1962 (Phillipsburg, NJ: P&R, 2001), págs. 114-115 (ênfases de Packer).
9 Andreas J Köstenberger, *John* (Grand Rapids, MI: Baker Academic, 2004), pág. 455.

a ladainha geralmente se manifesta. Bom, é claro que não nos curvamos a tinta e papel. Mas não pense por um só instante que valorizar muito a Bíblia é de alguma forma antiético à comunhão sincera com Cristo. Um dos temas recorrentes de 1 João é que permanecermos em Cristo permitindo que o depósito de verdade apostólica permaneça em nós. É somente quando confessamos que Jesus é o Filho de Deus, que Deus permanece em nós (1 João 4.15). Se não tivermos a verdade com relação ao Filho, não temos vida (2.23; 5.12). Os que verdadeiramente pertencem a Deus ouvem seus mensageiros inspirados, apostólicos (4.6). Doutrina não é algo que desvia nossa atenção de Cristo. Aliás, nós não temos comunhão com Cristo em separado da verdade acerca de Cristo e vinda de Cristo. Somos santificados na verdade, e a Palavra de Deus é verdade (João 17.17).

3. *Buscamos comunhão com Cristo através da comunhão com outros cristãos.* Já que a igreja é o corpo de Cristo, não há como termos comunhão com Cristo sem termos comunhão, também, com nossos irmãos cristãos. Comunhão entre irmãos é uma expressão de comunhão com Cristo. João diz: "Nós lhes proclamamos o que vimos e ouvimos para que a vocês também tenham comunhão conosco. Nossa comunhão é com o Pai e com seu Filho Jesus Cristo" (1 João 1.3). Essa é uma afirmação e tanto. Não importa quão sem aparente importância ou insignificante sua igreja possa parecer, comunhão nesse corpo de cristãos é comunhão

com Deus.[10] Os que forem sérios quanto a ter comunhão com Cristo serão diligentes a partilhar da comunhão com outros cristãos (At 2.42; Hb 10.24-25). Em mais de uma década de ministério pastoral eu jamais encontrei um cristão mais saudável, mais maduro e mais ativo no ministério por viver afastado da igreja. Os cristãos mais fracos são os menos em contato com o corpo. E quanto menos envolvido você estiver, mais desconectados do mesmo corpo serão aqueles que seguem seus passos. A pessoa que tenta viver o cristianismo sem igreja está dando tiro no próprio pé, dando tiro na perna de seus filhos, e dando tiro no coração de seus netos.

4. Buscamos comunhão com Cristo através do participar da Ceia do Senhor. Não é de se estranhar que ao pensar em comunhão com Cristo, eu fale de oração e da Palavra de Deus. São expectativas básicas da vida cristã. Mas alguns podem se surpreender, ou até ficar preocupados, que coloque a Ceia do Senhor nesta lista. Não deveriam. Afinal, não nos referimos a este sacramento ou ordenança como "comunhão"? Paulo dis-

---

10 John Owen começa sua densa obra *Communion with the Triune God* (89-90) ao citar 1 João 1.3: "A aparência exterior e condição dos santos naqueles dias sendo bastante abjeta e desprezível – seus líderes sendo considerados o lixo deste mundo e como escória de todas as coisas – e o convidar [de] outros à comunhão com eles e uma participação das coisas preciosas que eles costumavam apreciar, pareciam estar expostas a muito arrazoar contrário e a objeções: "Que benefícios pode haver na *comunhão* com eles? Seria outra coisa senão partilhar de dificuldades, repreensões, zombarias, e toda espécie de males? Para evitar a estes ou para remove-los e as semelhantes exceções, o apóstolo deixou claro àqueles a quem escreveu ... não obstante todas as desvantagens que a comunhão deles estava debaixo, vista por uma visão carnal, ainda sim sendo a verdade que era, e que seria confirmada como tal... muito honrosa, gloriosa, desejável. Pois 'verdadeiramente', ele diz, 'nossa comunhão é com o Pai e com o seu Filho Jesus Cristo'".

se "o cálice da bênção que abençoamos" é "a participação no sangue de Cristo" e "o pão que partimos" é "a participação no corpo de Cristo"(1 Co 10.16). A palavra "participação" ("comunhão" na Almeida do Séc. XXI) é uma palavra grega com a qual você está familiarizado: *koinonia*. De acordo com a Bíblia, quando nos aproximamos da Ceia do Senhor em fé, temos *koinonia* com Cristo. Você tem comunhão com ele e participa de seu corpo e sangue.

A Ceia do Senhor não é apenas um lembrete visível do Evangelho; é uma festa espiritual onde Cristo está presente tanto como anfitrião, como a refeição. A presença dele não é física, mas é real. Na Ceia, Cristo nos alimenta, fortalece, nos assegura de seu amor. Nós não celebramos um Cristo ausente da Ceia, mas desfrutamos de comunhão com o Cristo vivo. Conforme Richard Baxter disse, "em nenhum outro lugar Deus está mais próximo do homem que em Jesus Cristo; e em nenhum outro lugar Cristo está tão familiarmente representado a nós, que em seu santo sacramento". [11]

SANTIDADE EXTRAORDINÁRIA ATRAVÉS DE MEIOS ORDINÁRIOS

Sendo honestos, comunhão com Deus não é prioridade para muitos. No máximo, soa como algo irreal. Na pior das hipóteses, soa irrelevante. Comunhão com Deus é café pequeno para nós. Nós não nos maravilhamos, para começo de conversa, que possamos ter comunhão com Deus. Na realidade, estamos

---

11 Citado por Packer, "Puritan Idea of Communion with God", pág. 116.

acostumados a isso e não valorizamos o fato. Concluímos que Deus está com todos e tem todos os motivos do mundo para vibrar em poder estar conosco. Mas nenhuma dessas afirmações é verdade. Deus pode estar em toda parte, mas ele está apenas *com* - num sentido de aliança – aqueles que creem no seu Filho. Comunhão com Deus só é possível por causa de nossa união com Cristo. E que senhora possibilidade! O objetivo do Jardim era comunhão ininterrupta com Deus. E o alvo desde então tem sido a restauração da comunhão com Deus. Como diz J. I. Packer, a comunhão entre Deus e o homem "é o fim para o qual criação e redenção são os meios; é o alvo para o qual a teologia e a pregação devem sempre apontar; é essência da verdadeira religião; é, sem sombra de dúvida, a definição de cristianismo".[12] O fato de pecadores terem comunhão com um Deus sem pecado é assombroso. O fato que Deus fez com que seu Filho que não conheceu pecado se tornasse pecado por nós para que nós fôssemos reconciliados com Deus é ainda mais surpreendente (2 Co 5,21). E que nós, com o rosto desvendado, possamos olhar para a glória de Deus na face de Cristo e sermos transformados de um grau de glória para o próximo é outra bênção não merecida (3.18). Você pode conhecer a Deus. Você pode ter comunhão com Deus. Você pode ser mais santo do que pensa.

E o processo é mais mundano que você poderia imaginar.

---

12 Ibid, pág. 104. Consulte também a pág. 105 para ler a acusação que Packer faz do cristianismo contemporâneo por fazer pouco da comunhão com Deus. O que expresso aqui o faço sentindo-me a ele devedor.

Se você está completamente não impressionado com meus quatro pontos de se buscar comunhão com Cristo, eu não peço desculpas. Pode soar um tanto enfadonho e desatualizado, mas acontece é que verdade: a forma de crescer em seu relacionamento com Jesus é orando, lendo sua Bíblia, frequentando uma igreja onde você é bem alimentado na Palavra, tem boa comunhão e receber os sacramentos. Não estou dizendo que cristianismo pode ser resumido em alguns requisitos exteriores. Não estou dizendo isso, mesmo! Estou argumentando que se você deseja se parecer com Cristo, é necessário que você tenha comunhão com Cristo, e se você deseja ter comunhão com Cristo você precisa buscar isso nos termos que Jesus estabelece e através dos canais de graça que ele providenciou para nós. E isso significa que o único caminho para a santidade extraordinária é via meios ordinários, comuns.

Capítulo Dez

QUE TODOS VEJAM O SEU PROGRESSO

Vários anos atrás, não muito depois de minha ordenação ao ministério pastoral, tropecei, por assim dizer, em 1 Timóteo 4.15 e descobri que o texto é tanto uma fonte de grande consolo como de leve desânimo. Não foi a primeira vez que li o versículo. Mas foi a primeira vez que Deus abriu meus olhos para o versículo, de forma a enxergar o que significava para minha vida e ministério.

A maior parte dos pastores conhece bem 1 Timóteo 4.16 – "Atente bem para a sua própria vida e para a doutrina". Esse é o mapa da mina para nosso ministério: cuidar de perto de nossa vida, e de nossa doutrina. Conhecia o versículo 16, mas nunca havia dado muita atenção para o v. 15: "Seja diligente nessas coisas; dedique-se inteiramente a elas, para que todos vejam o seu progresso". Foi essa última frase sobre o progresso que chamou minha atenção. Antes no texto, em 1 Timóteo 3, Paulo delineia o que parecem ser elevados requisitos para presbíteros e diáconos. Aí, em 1 Timóteo 4, alguns versículos antes desse texto, ele diz a Timóteo para "ser exemplo para os fiéis na palavra, no procedimento, no amor, na fé e na pureza" (v. 12). Será que isso soa um tanto *intenso* para você? "Ô, Timóteo, meu filho, sei que você acaba de sair do seminário e eu quero que você seja exemplar em praticamente todas as áreas de sua vida. *Capice?*" Soa alarmante. Mas aí vem essa parte sobre progresso no v. 15. Aparentemente, Paulo não pensou que "seja exemplo" deveria significar "faça tudo certinho desde o primeiro momento".

É possível encararmos o v. 15 como um revigorante ou um depressivo. Meu desânimo veio do fato que pessoas me veriam daqui a cinco anos e perceberiam que eu costumava ser menos maduro, menos capaz, e menos piedoso. Será uma experiência de certa forma ruim perceber que mais adiante olharei para trás, para o eu que agora sou e ficarei feliz em não ser completamente igual ou que fui. Mas o v. 15 tem sido principalmente fator de encorajamento. Significa que posso me qualificar para ser um presbítero e para ser exemplo com minha vida mesmo que ainda não tenha "chegado lá". Eu posso crescer. Posso amadurecer. Posso me tornar mais santo do que agora sou. Meu comportamento e meu ensino podem melhorar. Progresso não é apenas aquilo que Deus espera de mim, mas aquilo que ele *concede* que aconteça comigo.

O que nos traz a um dos mais importantes axiomas a respeito de santidade: quando o assunto é santificação, é mais importante em que direção você está seguindo, do que onde você se encontra. Direção é mais importante do que posição. Seu progresso futuro fala mais alto que sua colocação presente. Anime-se! Se você não é tão santo quanto gostaria de ser a esta altura, Deus ainda pode se contentar com você porque você está indo no rumo certo. Mas considere-se avisado: se você não é tão santo quanto costumava ser, Deus provavelmente não anda muito impressionado com os triunfos de ontem quando nos últimos meses você não fez nada além de atirar a toalha.

Mas devo me apressar em acrescentar que medir seu progresso na busca por santidade é algo mais fácil dito do que feito. Para início de conversa, você não deveria colocar o termômetro espiritual todo dia. É preciso aferir o progresso ao longo de meses e anos, e não com base em minutos e horas. Conforme David Powlison gosta de dizer, santificação é semelhante a um homem subindo uma escada com um iô-iô. Há muito sobe e desce, mas em última análise, há progresso. Portanto, não se deixe enredar, preocupado se na 3ª. Feira você foi mais santo que na 4ª. feira. Visualize sua trajetória nos últimos cinco meses, ou, melhor ainda, nos últimos cinco anos. E isso serve para avaliar outros também. Não se precipite em criticar o progresso dos outros sem saber de onde vieram e em qual direção estão seguindo.

O que nos trás a um ponto a isso ligado: não tenha receio de entregar termômetro de medir espiritualidade a outra pessoa. A pressuposição do v. 15 é que *outros cristãos* vejam seu progresso. Um amigo honesto, com discernimento, é geralmente mais preciso no avaliar de nossa saúde espiritual do que nós mesmos somos. Ele pode enxergar sua disposição geral enquanto sua tendência será de enxergar apenas e tão somente o fracasso de hoje. Lembre-se que é testemunho de quase todos os santos de que, na medida em que se aproximam de Deus, enxergam mais de sua impiedade. É normal sentir-se menos santo quanto mais santo você se torna. Estar mais cônscio do pecado em sua vida geralmente é sinal da obra santificadora do Espírito, e não de Seu afastamento de nós. Tudo isso para dizer que, quando se trata de enxergarmos nossa própria santificação, nossa própria avaliação não tende a ser a melhor. Pergunte a sua esposa, seu colega de classe ou dormitório, seu pai, pergunte a seu pastor, pergunte a seu melhor amigo: você consegue identificar progresso na minha caminhada?

ARREPENDIMENTO COMO MEIO DE VIDA

Se a busca de santidade acarreta progresso – aos trancos e barrancos, com vitórias e derrotas, com dois passos para frente e um para trás – então ela também requer arrependimento. Na primeira das 95 teses de Martinho Lutero, ele disse: "Nosso Senhor e Mestre Jesus Cristo... quis que a vida inteira dos crentes fosse de arrependimento". Santificação, portanto, será marcada por mais arrependimento que por perfeição. É claro que perfeição não precisa ser, necessariamente, uma palavra ruim. A palavra grega traduzida por "perfeito" (*teleios* ou *teleioo*) significa simplesmente qualificado, maduro ou completo (Cl 1.28; 4.12; Hb 2.10; Tg 1.4). Em certo sentido, portanto, os crentes devem ser "perfeitos". Mas biblicamente falando isso jamais significará completa ausência de pecado em pensamento ou ação. Seja lá como você enxerga Romanos 7 (eu, particularmente, penso que Paulo está escrevendo acerca de sua própria luta com o pecado, como cristão), é inquestionável que até mesmo os melhores crentes, por vezes, fazem coisas que não desejam fazer e deixam de fazer o que gostariam de fazer. A Bíblia é clara – exceto por Jesus, ninguém será sem pecado em sua vida (Hb 4.15). "Todavia, não há um só justo na terra, ninguém que pratique o bem e nunca peque" (Ec 7.20). "Se afirmarmos que estamos sem pecado, enganamos a nós mesmos, e a verdade não está em nós" (1 Jo 1.8). Dada essa cruel realidade, santidade na terra tem de incluir arrependimento.

Isso é especialmente verdade porque os mais ávidos por serem santos são, frequentemente, os mais susceptíveis a critica e à arrogância. Todos envolvidos com o desejo de santidade pessoal (sem falar nos audaciosos o suficiente para escrever um livro sobre o assunto!) devem dar atenção às palavras de Andrew Murray: "Não há orgulho tão perigoso, nenhum tão sutil e traiçoeiro, quanto o orgulho de santidade".[1] Não é que eles anunciariam isso aos quatro ventos, mas fato é que dentro de alguns cristãos cresce aquele sentimento de superioridade em relação a quanto conseguiram progredir em comparação com outros. É bem possível buscar a santidade movido a orgulho. Também é possível buscar santidade movido a humildade, e ser bem sucedido, e aí tornar-se orgulhoso. Não é à toa que

---
1 Andrew Murray, *Humility* (New Kensington, PA: Whitaker, 1982), pág. 56.

Jesus espera que seus seguidores peçam perdão como parte integrante de suas orações (Mt 6.12). Arrependimento é um meio de vida para o santo filho de Deus.

Dar o laço final num livro sobre santidade com uma porção discorrendo sobre arrependimento pode parecer descabido. Um tanto fraco e um pouco derrotista. Semelhante a dizer ao alcoólatra em recuperação o que beber para sua próxima ressaca. Mas se arrependimento tem a aparência de concessão ao pecado e não uma marca de santidade, isso é apenas porque enxergamos o arrependimento com algo bem *light*. Uma coisa é pecar a dar com pau, balbuciar relutantemente um "foi mal", e continuar em frente. É outra coisa bem diferente odiar seu pecado, clamar a Deus, e fazer uma volta de 180 graus. A verdadeira contrição é tarefa difícil, dolorosa. Conforme explica Thomas Brooks de forma bem vívida, "arrependimento é o vômito da alma".[2] Imagine, só por um momento, que você está vomitando. Não há nada de agradável nisso. Não consigo lembrar de uma sensação física que mais abomino. Não costumo fazer uso do vômito como "plano B", como uma solução que posso usar se outras coisas não funcionarem. Quando vomito, isso me diz que estou com uma virose, enxaqueca, ou comi muito no Gordão Lanches. Algo está tremendamente errado.

O arrependimento genuíno é semelhante. Não se trata de uma saída de emergência depois de um final de semana ou vida leviana. Significa admitir erros específicos, reconhecer quão

---

2 Thomas Brooks, *Precious Remedies against Satan's Devices* (Edimburgh: Banner of Truth, 1997 [1652], pág. 63.

afrontosos fomos para com Deus, mudar de curso, voltar-se para Cristo, e desejando de todo coração nunca ter cometido aquele erro que agora você tanto abomina. Ou, usando a linguagem de Calvino, "[arrependimento] é o verdadeiro voltar de nossa vida para Deus, um voltar que brota de um temor puro e sincero de Deus; e consiste em mortificar nossa carne e o velho homem, e no vivificar do Espírito".[3] Vomitar não é fácil. E nem é o arrepender-se. Mas um é bem mais doce que o outro.

QUE TIPO DE DOR?

Se quisermos entender a verdadeira natureza do arrependimento, precisamos estar familiarizados com a distinção feita por Paulo em 2 Coríntios 7.9-11 entre tristeza segundo o mundo e tristeza segundo Deus:

> [9] Agora, porém, me alegro, não porque vocês foram entristecidos, mas porque a tristeza os levou ao arrependimento. Pois vocês se entristeceram como Deus desejava, e de forma alguma foram prejudicados por nossa causa. [10] A tristeza segundo Deus produz um arrependimento que leva à salvação e não remorso, mas a tristeza segundo o mundo produz morte. [11] Vejam o que esta tristeza segundo Deus produziu em vocês: que dedicação, que desculpas, que indignação,

---

3 *Institutas* 3.3.5.

que temor, que saudade, que preocupação, que desejo de ver a justiça feita! Em tudo vocês se mostraram inocentes a esse respeito.

Tenho certeza que todos nós sintamos tristeza. Mesmo os não-cristãos com quem converso facilmente admitem que não são perfeitos. As pessoas podem não achar que são más o suficiente para merecer a ira de Deus, mas sabem que cometeram erros. Sentem remorso por algumas coisas que fizeram. Isso é tristeza. Mas nem toda tristeza é igual. Certo tipo de tristeza é mundana. A maioria sente que se sentir pesaroso por algo cometido é um sentimento moralmente neutro. Não existe uma forma certa e uma forma errada de se sentir mal; nós simplesmente sentimos. Aliás, na realidade, consideramos a tristeza com relação a alguma ação ou atitude nossa como um bem automático. "Eu posso ter pisado feio na bola, mas agora me sinto verdadeiramente mal com tudo que aconteceu". Pelo menos eu lamento o que fiz, pensamos.

Mas conforme a Bíblia, é possível nos sentirmos mal com algo que fizemos de forma mundana. Tristeza mundana é uma expressão de remorso em relação a oportunidades perdidas, circunstâncias presentes difíceis, ou vergonha pessoal. Ficamos com remorso de encher a cara no final de semana e estragarmos com a 2ª. feira. Ficamos com remorso de termos perdido R$ 20.000 numa jogatina clandestina. Sentimos que puxaram nosso tapete quando nosso e-mail nada elogioso foi encaminhado para a pessoal errada. Embora nos sintamos mal nas três situações acima, o remorso talvez não contenha qualquer dimensão espiritual. Talvez estejamos arrependidos de ter sido pegos, de nos machucarmos, de nos passarmos por tolos.

Tristeza segundo o mundo não é boa tristeza; conduz à morte (2 Co 7.10). Já que a tristeza segundo o mundo não nos permite ver o quão ofensivos somos a Deus, nós não lidamos com o nosso pecado na dimensão vertical. E quando não nos arrependemos na direção de Deus, não obtemos o perdão dele, e a falta disso redunda em morte. Tristeza segundo o mundo lida com os sintomas, não com o problema. Gera desespero, amargura e depressão porque concentra atenção no remorso pelo passado (que não pode ser mudado), em lugar de concentrar atenção na pecaminosidade pessoal (que sempre pode ser perdoada).

Ironicamente, se você disser "eu não posso lhe perdoar", isso provavelmente é sinal de tristeza segundo o mundo – ou incredulidade nas promessas de Deus e na suficiência da obra de Jesus sobre a cruz, ou remorso que simplesmente se concentra na sua perda de estima e sua perda de oportunidade.

Tristeza segundo Deus é diferente. Usando as palavras do Catecismo de Heidelberg, tristeza segundo Deus "significa estar verdadeiramente arrependido pelo pecado, odiar o pecado mais e mais, e voltar às costas para ele" (P/R 89). O filho pródigo viu que ele não apenas fizera um caos de sua vida, mas que ele havia pecado contra seu pai, aquele que o amava completamente e lhe havia dado tudo. Isto é exemplar. É muito comum nos sentirmos mal porque fomos pegos. Arrependidos que agora temos de viver com as consequências. Tristes porque caímos alguns pontinhos na avaliação de outra pessoa. Tristeza segundo Deus não culpa os pais, a escola, o governo, os amigos ou a igreja. Tristeza segundo Deus diz: "Tem misericórdia de mim, ó Deus, por teu amor; por tua grande compaixão apaga as minhas transgressões. Lava-me de toda a minha culpa e purifica-me do meu pecado" (Salmo 51.1-2).

Tristeza segundo Deus reconhece a completa pecaminosidade do pecado e o odeia mais e mais. Os coríntios estavam indignados que haviam sido implicados nesse ataque contra o apóstolo Paulo (2 Co 7.11). Queriam limpar a barra deles e aprumar as coisas. Eles estavam sendo zelosos contra seus próprios erros. A tristeza deles levou ao arrependimento (v. 9) – o que significa que sentir-se mal por alguma coisa não é a mesma coisa que arrependimento, mas pode ajudar a chegar lá.

Há uma tremenda diferença entre remorso e arrependimento. O remorso se sente mal com nossos pecados passados. Arrependimento volta às costas aos pecados passados. O remorso se concentra na nossa conveniência. Arrependimento olha para Deus. Geralmente nos contentamos com remorso. Queremos nos sentir mal durante algum tempo, chorar gostoso, desfrutar de uma experiência catártica, lamentar nosso pecado, e falar de quão tristes estamos. Mas não queremos mudar. Não queremos lidar com Deus. Tristeza segundo Deus é uma emoção frutífera e eficaz. O Espírito a usa para nos esporear rumo à ação, para nos tornar zelosos de boas obras, e nos ajudar a fugir do pecado e começar a caminhar na direção oposta. Tristeza segundo o mundo nos torna ociosos e estagnados. Leva-nos a nos chafurdar em autocomiseração e remorso que não leva a parte alguma. Nós não mudamos. Nós não crescemos. Não lutamos contra as obras da carne. Em lugar disso, só ruminamos nos erros cometidos, ficamos obcecados com o que os outros pensam, ponderando como tudo poderia ter sido diferente. Qualquer um pode se sentir mal. Mas ser transformado é outra coisa completamente diferente. Arrependimento bíblico sincero é tanto obra da graça quanto o não pecar quando vem a tentação. Errar é humano, mas fazer progresso é divino.

CRESCER PARA SE TORNAR UM CRISTÃO ATRAENTE

Quando fazia a faculdade, tive uma conversa com um homem mais velho acerca de meus planos de entrar no ministério pastoral. Durante nossa conversa, ele citou um pensamento que jamais me esqueci. Ele vem de Robert Murray M'Cheyne, um pregador escocês do século XIX. Aliás, de todas as frases não contidas na Bíblia, eu provavelmente repeti esta mais que qualquer outra: "a maior necessidade do meu povo é minha própria santidade". Em certo sentido, creio que o Evangelho é mais importante que a santidade, porque as boas novas da morte de Cristo e sua ressurreição são boas mesmo que a pessoa que o esteja partilhando seja um patife. Portanto, quem sabe M'Cheyne deveria ter dito: "a segunda maior necessidade". Mas seja qual for o caso, ele está absolutamente certo acerca da importância da santidade. Ele compreendeu o indispensável caráter do caráter. Pensamos que relevância e capacidade de nos relacionarmos sejam os segredos do sucesso espiritual. Mas mesmo assim, na verdade, um mundo moribundo precisa que você esteja com Deus mais do que precisa que você esteja "com ele". Isso vale para mim como pastor, tanto quanto vale para você como mãe, líder, irmão, irmã, filho, neto, amigo, líder de estudo bíblico, programador de computador, caixa de banco, barista, ou diretor executivo. Seus amigos e família, seus colegas e filhos – eles não precisam que você faça milagres ou transforme a civilização. Eles precisam que você seja santo. Conforme Horatius Bonar (outro pregador escocês e amigo de M'Cheyne) nos relembra, a santidade não é medida por "um ato heroico ou um portentoso martírio.... É de coisas pequenas que uma vida poderosa é composta".[4]

Santidade é a soma de um milhão de pequenas coisas – o evitar de pequenos males e pequenas fraquezas, o colocar de lado de pequeninas porções de mundanismo e pequenos atos de comprometimento, o mortificar de pequenas incoerências e pequenas indiscrições, a atenção dada a pequenos deveres e lidares menores, a árdua obra de pequenos nãos dito a si mesmo algumas pequenas autorrestrições, o cultivo de pequenas benevolências e pequenas abstenções. Você é digno de confiança? É gentil? Paciente? Alegre? Você ama? Tais qualidades, permeando todas as circunstancias da vida, determinarão se

---

4 Horatius Bonar, *God's Way of Holiness* (Lexington, KY: Legacy Publications), págs 82-83. Meu próximo parágrafo é um outro resumo da descrição de Bonar de santidade em "pequenas coisas'.

você será maldição ou bênção aos que o rodeiam, se é uma horrível monstruosidade espiritual ou se está crescendo para se tornar um cristão atraente.

Vivemos num mundo obcecado com beleza superficial. Seja no noticiário da TV a cabo ou no Canal do Tempo, o mundo espera ver certa beleza. A mensagem que nos cerca é que você não é bom se não tiver boa aparência. Por causa disso, todos nós – de meninas com dez anos usando maquilagem, a alunas de faculdade numa irônica vestimenta de cintura baixa, a mamães que não trabalham fora iniciando uma nova dieta, a pais de meia idade se readaptando à rotina de academia, a sexagenários apelando para Botox - todos estamos interessados em beleza. Mas o que é verdadeira beleza? O que é digno de ser visto? Quem tem aparência digna de ser imitada? Paulo responde: "Irmãos, sigam unidos o meu exemplo e observem os que vivem de acordo com o padrão que lhes apresentamos" (Fl 3.17). Deus está à procura de piedade. O cristão com a melhor aparência é o que está crescendo pelo Espírito à semelhança de Cristo. É comum se pensar em santidade como algum tipo de fazer-certinho esnobe, um moralismo pudico, ou um legalismo feioso. Mas tais ismos são lamentáveis caricaturas, devedoras a nossos pecados, a nossas desconfianças, e às mentiras do diabo. Verdadeira santidade "é a ornamentação mais extraordinária e a beleza mais magnífica que podemos encontrar num ser humano".[5] Contemple-a em Cristo e torne-se semelhante a Ele em glória (2 Co 3.18).

---

5 Wilhelmus A Brakel, *The Christian's Reasonable Service*, traduzido por Bertel Elshout, editado por Joel R. Beeke, 4 vols. (Grand Rapids, MI: Reformation Heritage Books, 1994), 3:17.

Deus quer que sejamos santos. Por meio da fé ele já o tem como santo em Cristo. Agora ele tenciona torná-lo(a) santo(a) com Cristo. Isto não é Plano B, não é café pequeno. Deus lhe salvou para santificá-lo. Deus está na indústria do embelezamento, limpando-nos de manchas e alisando nossas rugas. Ele terá uma noiva sem mácula. Ele promete operar em sua vida; e ele também lhe convoca a malhar. "A beleza da santidade" é primeiramente do Senhor (Sl 29.2). Mas pela graça Dele, ela também pode ser sua.

FIEL
MINISTÉRIO

O Ministério Fiel visa apoiar a igreja de Deus de fala portuguesa, fornecendo conteúdo bíblico, como literatura, conferências, cursos teológicos e recursos digitais.

Por meio do Ministério Apoie um Pastor (MAP), a Fiel auxilia na capacitação de pastores e líderes com recursos, treinamento e acompanhamento que possibilitam o aprofundamento teológico e o desenvolvimento ministerial prático.

Acesse e encontre em nosso site nossas ações ministeriais, centenas de recursos gratuitos como vídeos de pregações e conferências, e-books, audiolivros e artigos.

Visite nosso site

www.ministeriofiel.com.br

Esta obra foi composta em Chaparral Pro Regular 11,4, e impressa
na Promove Artes Gráficas sobre o papel Pólen Natural 70g/m²,
para Editora Fiel, em Maio de 2025.